现代教育技术
与智慧课堂的构建研究

段维清　著

中国商业出版社

图书在版编目（CIP）数据

现代教育技术与智慧课堂的构建研究 / 段维清著
. -- 北京 : 中国商业出版社, 2022.12
ISBN 978-7-5208-2336-4

Ⅰ. ①现… Ⅱ. ①段… Ⅲ. ①教育技术学②计算机辅助教学－教学研究 Ⅳ. ①G40-057②G434

中国版本图书馆CIP数据核字(2022)第224654号

责任编辑：王　静

中国商业出版社出版发行
（www.zgsycb.com 100053 北京广安门内报国寺1号）
总编室：010-63180647　编辑室：010-83114579
发行部：010-83120835/8286
新华书店经销
定州启航印刷有限公司印刷

*

710 毫米 ×1000 毫米　16 开　8.75 印张　150 千字
2022 年 12 月第 1 版　2023 年 1 月第 1 次印刷
定价：58.00 元

*　*　*　*

（如有印装质量问题可更换）

前 言

在信息潮流的推动和课堂教学变革的需求下，智慧课堂应运而生。智慧课堂是智能信息技术与教育教学相互融合的新型课堂，是以智慧教育观念为指导，以智慧课堂环境为支撑开展的智慧化教学活动。随着技术与教育双方相互影响程度的不断加深，课堂教学实践从之前的数字化教学逐渐走向了现在的智慧化教学。智慧课堂作为信息技术与教育教学深层次融合的一种新尝试，助力实现学生的个性化成长和智慧发展。

智慧课堂是充满技术的课堂，是智能化的课堂，运用智能板、智能手机、平板电脑、计算机、虚拟教室、5G技术等开展教学活动。智慧课堂配备智能课堂设施，运用智能教室技术，营造智能高效的学习环境。智慧课堂无论是在教学决策、教学评价、课堂互动方面还是在教学资源推送方面，都实现了数据化和智能化，是对传统课堂教学内容和方式的全面改革，旨在创建“智慧的教与学”，促进全体学生的智慧学习与发展。

本书首先概述了现代教育技术的基本内容，在分析了现代教育技术的理论基础上，对现代教育技术的应用特点和策略进行了详细阐述；其次，论述了智慧课堂的体系构建方法，全面分析了智慧课堂的教学模式，进而对智慧课堂的教学实践进行了研究；最后，对智慧课堂的关键技术与手段进行了总结和探讨。

笔者在写作本书的过程中得到了很多专家的帮助，在此表示感谢。由于智慧课堂涉及内容广泛，加之时间仓促，书中疏漏之处难以避免，恳请同行专家和读者不吝指正。

段维清

目　录

第一章　现代教育技术概述

第一节　现代教育技术基础

一、现代教育技术的定义及内涵

（一）教育技术

教育技术是指在教育中运用科学技术，对教与学的过程及资源进行策略设计、管理和实施，以提升知识水平。在我国教育技术发展过程中，除了电化教育与教育技术外，还会看到现代教育技术、信息化教育等名称，这些名称可以说是人们在不同时期对我国教育技术内涵的理解和解读，虽然它们名称不同，但本质是一样的。

（二）现代教育技术

1. 现代教育技术的定义

对于现代教育技术的定义，不同学者有着不同的理解。但总的来看，现代教育技术是指在现代教育理论和教学思想的指导下，将计算机技术、网络技术、多媒体技术与现代先进的教学方法运用于教学活动的一个整体概念。

现代教育技术由 20 世纪 80 年代的电化教育衍生而来。自 21 世纪以来，计算机等互联网技术的发展使得基于幻灯片、语音室等基础设备的电化教育逐渐被淘汰，多媒体等智能技术在教育领域的应用推动着现代教育技术的发展。

2. 现代教育技术的重要内涵

现代教育技术是指运用现代教育理论和现代信息技术，通过对教与学的过程及资源的设计、开发、利用、管理和评价，以实现教学理论和实践的优化。其内涵具体体现在以下四个方面。

（1）现代教育技术以现代教育理论为指导。

现代教育技术理论包括现代教学理论和现代学习理论。对现代教育技术影响较大的现代教学理论有布鲁纳（Burrhus Frederic Skinner）的“结构—发现”教学理论、赞可夫的发展教学理论和巴班斯基的教学过程最优化理论等。对现代教育技术影响较大的现代学习理论有行为主义学习理论、认知主义学习理论和建构主义学习理论等。

现代教育技术的应用必须以先进的教育思想和教学理论为指导，应用教育技术推进素质教育，培养学生的创新精神和实践能力，重视应用现代教育理论指导教与学的过程和资源的设计、开发及应用。

（2）现代教育技术以信息技术为主要手段。

简单地说，信息技术就是指获取、加工、存储、传输、表示和应用信息的技术。信息技术不仅包括计算机技术，还包括微电子技术、通信技术等，其在学校的应用以多媒体与网络技术为核心，要充分利用和发挥多媒体与网络技术的优势，形成和利用以多媒体和网络技术为基础的信息化环境和数字化的教学资源。

（3）现代教育技术的研究对象是教与学的过程和资源。

现代教育技术以教与学的过程和资源为研究对象，并以优化教与学的过程和资源为目标，因此教育技术既要重视优化“教”，又要重视优化“学”，既要重视“资源”，又要重视“过程”的研究和开发。学校应通过优化教与学的资源，建设信息化的教学环境，开发信息化教学软件，探索并建构信息化环境下的新型教学模式。

（4）系统方法是现代教育技术的核心。

现代教育技术是以系统方法为核心展开全部教育实践的，即对教与学的过程和资源进行设计、开发、应用、管理和评价。现代教育技术重视教育教学过程中各步骤的精心设计、实施，要求教学各环节有序进行，并随时进行评价和修正。

二、现代教育技术的特征

（一）数字化

现代教育技术的数字化主要包括信息资源和硬件资源的数字化，这是现代教育技术的一个优势。相较于传统多媒体，现代教育技术数字化的特点是容量大却体积小、易于携带和储存，最关键的是它易于远程传输和储存。

（二）网络化

现代教育技术的网络化主要指通过网络获取教育信息资源。目前互联网的使用频率最高，利用计算机、网络和通信技术可把世界各地的电子信息设备和数字化的信息资源联系起来，从而通过手机、计算机、电视等各具特色的电子设备达到传播、整合以及共享资源的目的，由此促进网络教育资源的优势互补和相关信息的交流，打破时空的限制，开阔人的眼界。

网络对教育的影响深远，既更新了教学观念和内容，也丰富了教学手段和教学过程，其影响还体现在教学模式和现代教育体制上。有了网络化环境，师生可以不再受时间和空间的限制而根据自己的需要获取最新、最全的学习资源，可以通过网络平台进入名师的教学课堂和讲座中去学习，也可以在线进行视频交流。可以说，网络教育的飞速发展将成为现代教育技术前进的攻坚力量和最新发展方向。

（三）多媒体化

现代教育技术的多媒体化主要指多媒体技术在教育教学过程中的广泛使用。教育信息的多样化呈现，主要有赖于计算机和多种先进技术手段的实时性和交互性传输与处理，这将使得教育信息的表征更加多元化，使得多媒体教学优势显著，这也是现代教育形式与传统单一教学形式的主要区别。多媒体教学相较于传统模式，信息传播速度较快、容量较大，更关注感官学习以及多种感官的结合，另外，多媒体使用范围更加广泛且操作简便，各种多媒体载体的交互使用也更加有益于教学过程中问题的呈现和解决。

（四）智能化

现代教育技术的智能化主要指利用机器来模拟人类高智能活动，具体包括人类智能理论技术、相关应用系统等新兴技术的扩展和模拟。在教育教学上，智能化的实现必须以相关的认知理论、教育心理学、计算机技术和人工智能理论等为依据，让学生能够适应这种智能化的教学情境，从而增强他们的学习兴趣，使他们主动探索个性化的学习方式，进而达到优化教学效果的目的。

（五）系统化

现代教育技术的系统化指现代教育技术运用系统的方法，将硬件和软件资源的建设进行组合，使之协调起来、完美配合，发挥其最大的功效。在这一过程中，要注重硬件和软件之间的协调，让整个系统可以有效运行。现代教育技术的系统化主要包括网络环境的建设、硬件环境的开发等内容。另外，网络环境建设包括对校园网络系统的建设，而硬件环境的开发包括多媒体素材的制作与创造、多媒体制作中心的建设等。

三、现代教育技术的作用

（一）促进教育改革

现代教育技术有利于为教学内容提供最新的信息。一方面，现代教育技术的运用充实和更新了教学内容，为学生和教师提供了学习资源。现代教育技术包含了各种技术手段和相关信息，能够帮助教师为学生量身打造适合他们的教学手段，给他们提供更多的选择、决策和创新的机会。另一方面，现代教育技术手段的使用，将教学的需要与社会发展相结合，及时更新教学内容，把最新最全的信息传授给学生，发展了学生的个性，有利于因材施教。

现代教育技术使得教与学相融合，教学模式是在网络环境下个体和群体的交互。教学课堂的构成也是一种技术体现，它把计算机、多媒体教学、计算机网络、传统的教材以及学生等融为一体，这样可以创造更有利于学生学习的教学环境，提高学生的学习兴趣，积极发挥他们的主动性，真正成为课堂教学中的主体，教师则成为课堂教学的组织者和引导者。

另外，现代教育技术有利于教师和学生思想的改变。从教学过程分析，现代教育技术更加注重提高学生在课堂中思考、学习的能力，这也是教师和学生在教学过程中身份转变的原因。从教师的角度分析，现代教育技术能够发挥教师的引导作用，要求教师不再只对教学进程、教学内容、教学方法进行设计和把控，还要明确学生的主体地位，逐渐成为促进学生学习、为学生提供帮助的指导者。从学生的角度分析，现代教育技术提高了学生学习的主动性。学生在现代教育技术的课堂当中要有独立意识和探究精神，能够根据自己的实际情况进行创造性的学习，逐渐成为知识建构的探究者。

（二）提高教育质量

现代教育技术促进了学生的个性化发展。现代教育技术的最大优势就是可以把文字、图形、视频和音频进行相互融合，并利用生动形象的图文吸引学生的注意力和兴趣，这种信息化的学习环境为学生提供了适合其个性化发展的学习条件。从某种程度上讲，学生能否获得个性化发展是教育质量好坏的重要衡量标准，以人为本的高质量教育一定是学生在掌握了大量知识和技能的基础上，获得了个性化发展。

现代教育技术能有效促进学生德、智、体、美、劳全方面发展，如在一些比较深奥难懂的教学课程中，如果借用多媒体教学技术，便会产生事半功倍的教学效果，因为具体化、形象化的理论知识更容易被学生接受，它不仅方便学生对相关概念进行理解，还能帮助学生更好地将理论应用于实践。另外，现代教育技术还可以有效改善地区以及家庭背景等对学生教育造成的差异，弥补一些学生的认识欠缺等问题，学生可以按照自己的意愿选择学习内容，根据学生的需求和特点达到因材施教的目的。

（三）提高教学效率

心理学家认为，人类在获取信息的过程中，如果靠单一的视觉或听觉的话，获取的信息就较少，而如果各感官相配合的话，获取信息的程度就会较高。在实际的教学过程中，有的操作环境或实践对象由于其成本比较高、操作难度比较大，利用现代教育技术可以对这种高要求的环境进行模拟，学生通过各种感觉器官的配合，牢牢记住这些事物的特征，这对于知识的获取和巩固都是非常重要的。因此，从这个角度来看，现代教育技术可以提高教师在后期知识巩固阶段的教学效果，避免不必要的时间浪费。

（四）扩大教育规模

现代教育技术主要在有计算机和电视的场所得到广泛使用。广泛采用广播电视和远程教育等媒介传播教育信息和知识，能够使成千上万的学生共享教育资源。现代教育技术所提供的学习环境打破了时间和空间的限制，每个学生都可以获得丰富的教学资源，学习知识。

第二节　现代教育技术的理论

一、学习理论

学习理论是心理学上一种探讨学习的本质及其形成机制的理论，它主要是为了找寻更好的学习方法，从社会行为学、心理学和生理学等不同角度出发，揭示学习的产生、过程、效果等规律。学习理论为教育技术提供了深厚的理论基础，为教学设计提供了能够促进学生学习和教师教学的方式方法及技巧策略。

（一）行为主义学习理论

斯金纳是研究行为主义理论最有影响力的人物之一，他认为教育是塑造人的行为，并提出学习是由刺激引起的反应概率上的一种变化，强化是增加这个反应概率的一种手段，从而创造了程序教学法。他倡导“小步呈现、积极反应、及时反馈、自定步调、提高效果”的程序教学，影响了 20 世纪 60 年代的程序教学运动。行为主义学习理论在程序教学应用中，是把教师的“教”当作客观刺激物，学生被放在接受刺激和被动反应的地位。在现代教育技术中占有重要地位的教学设计就是依据行为主义学习理论在程序教学中的应用发展起来的，如起初是对教学机器、个别媒体的设计，后来逐步拓展到对多媒体乃至整个教学过程和教育项目的设计。20 世纪 70 年代后，行为主义学习理论又被广泛用来指导计算机辅助教学（CAI）的教学设计。行为主义学习理论极大地适应了对传统教学方式改革的需要，在听、说、读、写、画、算、演、做等动作技能教学和自然科学教学中应用并取得显著效果，使得行为主义学习理论在教育技术的发展中一度占据支配地位。

（二）认知主义学习理论

现代认知主义学习理论认为，学习并非刺激与反应直接地、机械地联结，而是以学生的主观能动性作为中介来实现的。学习是在原有认知结构的基础上，经内部认知活动而扩大原有认知结构的认识活动。人脑犹如计算机，学习过程是人脑对信息存储、加工的过程。

此理论产生于20世纪70年代到80年代，瑞士心理学家让·皮亚杰（Jean Piaget）是其代表人物，他提出了著名的认知结构说，主要阐述认知主义的相关含义，即良好的学习效果需要发挥个人和环境的交互作用，人在学习新技能和知识时需要将新旧知识进行相互连接，并建构起新的认知结构。也就是说，人只有充分发挥学习主体的主观能动性，将新知识合理地纳入旧知识结构，并使二者达到完满结合，方可使学习效果和教学效果得到最大优化。他还将行为主义的S—R公式升级为S—AT—R公式，其中A表示认知同化，T表示主体的认知结构，这是认知主义学习理论和建构主义学习理论的一大飞跃。

与行为主义学习理论相比，认知主义学习理论在对学生能动性的确认、学生特征的分析、教学策略的设计等方面有根本性的区别和发展。例如，计算机多媒体网络教学环境支持下的发现式教学法，就是根据学生已有的认知结构特点设定问题，让学生带着疑问学习、探索，并且设置情境、提出假设、提示各种可能，将解决问题的各种思考过程引入教学程序中，引导学生寻求解决问题的思路和方法。学生根据计算机提示，结合自己的思考、选择、分析、判断，一步步解决问题，并发现和掌握规律，建构认知结构。这种教学方法重视知识的获得过程，重视学生积极主动地动手动脑提高学习能力，比让学生单纯地接受知识的灌输要好得多。它将学习知识与增强能力有机地统一起来，将信息交流与开发智力、培养素质有机地统一起来，为创造性人才的培养提供了一种理想的教学环境，符合现代教育的新思想、新观点，有力促进了教育技术的发展。

（三）建构主义学习理论

此理论的产生可追溯到让·皮亚杰，他指出建构主义是新旧知识相互联系并建构新的知识结构，研究儿童的认知发展可以从内外因相互作用。乔纳森（D. H. Jonassen）发展了建构主义理论，并对其作出了解释。他认为建构主义是学习主体的自主建构，这种建构并非心中之物，而是根据自己的经验建构的。这说明每个人都有着自己的经验和建构理论的思维构造。建构主义者对学习的实质有如下论述：学习是通过同化和顺应两种方式来改变认知结构的，并且是学生主动建构自己知识的一个过程，其中协作、情境、会话和意义建构四大要素在学习环境中至关重要。因此，强有力的信息技术支撑是建构主义学习理论实施的环境保障，教师必须加强推广教育信息化的教学实践。

与行为主义和认知主义学习理论相比，建构主义学习理论在性质上发生了重大变化。它超越了客观主义认知论，把学生的认知作用提升到了关键地位，树立了结构主义认识论的建构观，实现了把传统教学中以“教”为中心推进到以“学”为中心的根本性变革。在该理论指导下的教育技术也发生了革命性的变化，规定以“学”为中心的教学设计必须始终围绕学生进行，充分体现学生的积极性和主动性，并赋予教师的“教”以新的内涵，即帮助、指导和促进学生在真实环境中进行意义建构，使意义建构成为学习的最终目标。在建构主义学习理论指导下的教育技术适应了当前社会教育、教学改革的发展，并得到现代教育理论发展的支持，在国内外产生了很大影响。

（四）人本主义学习理论

马斯洛（Abraham H. Maslow）和罗杰斯（Carl Ransom Rogers）是人本主义学习理论的代表人物。马斯洛认为学习不能受教师强迫，学习应是学生主动选择的结果，只能靠学生自己主动，因为学生本身就具有自主学习的潜力，而教师只能下发学习任务。马斯洛还主张自由学习，即学生自身具备学习的潜力，因此一个良好的学习环境便能造就学生，让其学到所需要的知识。人本主义学习理论认为教师的作用不是将知识机械地传递给学生，而是要为学生提供多样化、多角度的学习资源，教授学生如何获取知识与总结学习方法，引导其自主学习、自我反思。罗杰斯认为学习是一种自发的、有目的的、有选择的过程，学生处于中心地位，根据自己的需求和兴趣进行自主学习并且决定如何学习，教师的任务是创造一定条件和机会帮助学生学习。

二、教学理论

教学理论的研究和发展给教育技术的发展提供了扎实的理论基础和丰富的科学依据，其研究包括教师与学生、教法与过程、教学评价和环境、教学管理等揭示教学规律的理论。

（一）基于行为主义心理学的行为教学理论

这类理论以斯金纳的程序教学和布鲁姆（Benjamin Bloom）的教育目标分类为主，旨在促使学生的行为发生变化。其主要包括两类。第一类，斯金纳的程序教学理论。该理论将学习内容排列成许多小步骤，形成便于学生学习的材料，帮助其进行程序化学习，学生必须对每一步所提出的问题做出正确的反应，根据操作条件作用理论一步一步地积累完成，最终达成教学和学习目标。另外，斯金纳还确立了小步骤、及时强化、积极反应和自定步调四个原则。第二类，布鲁姆的教育目标分类。他将学生的学习目标划分为认知、技能和情感三个层次的教育目标。

（二）基于认知心理学的认知教育理论

这类理论以布鲁纳的认知结构教学理论和赞科夫的发展性教学理论为主，旨在发展学生的智力和思维。其主要包括两类。第一类，布鲁纳的认知结构教学理论。该理论提出在选择学科时，一定要弄清楚该学科的基本结构。基本结构包括学科的基本原理法则或者概念，以及这些体系之间的相互关系等具有广泛适应性的观念。第二类，赞科夫的发展性教学理论。该理论指出教学不能只发展儿童的认识能力，还必须强调其一般发展，即要求所有学生的发展包括后进生，都应该满怀学习的兴趣和动机，尤其是实现内部动力的发展，以此理解学习的整个过程和掌握学习的基本方法，让学生时刻处于丰富的精神状态中。他认为，教学走在发展的前面时才能达到最好的教育效果，并使其促进学生的一般发展。

（三）基于人本主义的人格教学理论

这类理论以罗杰斯为代表人物。罗杰斯提出了非指导性教学理论，认为教学的目的是培养全面发展的人，教学的方法是教会学生如何学习。

三、系统理论

系统理论由控制论、信息论、系统论组成。控制论系统的一个特征是，在控制的作用下，它能改变自己的运动而进入某种状态，达到一定的预期目的。控制过程是建立在信息反馈的基础上的，即运用信息反馈来调节和控制系统的行为，从而达到既定目的。而教育控制论是根据信息反馈，控制和调节教学过程。信息论是研究信息的传递、处理、储存等规律和技术的科学。信息论在教育中应用而形成的理论被称为教育信息论。它是研究教学过程中的“人—人”关系系统（师生间的教学关系系统），以及教育信息如何传递、变换和反馈等的理论，它与教育控制论和教育系统论的关系十分密切。

生物学家贝塔朗菲（Bertalanffy）最早创立了系统论，他认为，系统是指能够与外部环境发生相互作用、相互依存关系的，由各个要素部分组成的，具有一定功能的有机整体。将系统论引入教育理论并指导教育实践，即出现了教育系统论。它将教育看成一个系统，划分成教师、学生及多媒体等各个重要的系统要素部分。优化教育系统需要协调好师生之间的关系，从整体出发，从整个系统的各个要素考虑，使其相互协调、相互包容以达到共赢的目的。若要系统大于各部分要素的功能之和，则需要调控好各要素之间的联结关系并发展出新的结构和功能。

系统理论对现代教育技术的发展具有深远的指导意义，其主要包括以下三个原理。

（一）整体原理

根据整体功能大于各部分功能之和的原则，需要合理设计各要素之间的关系，这样才能集合优化整体功能。教学系统亦如此。首先，从整个教学系统出发；其次，着眼于教学的各要素，即教师、学生、教学媒体和内容等教学过程中的相关要素；再次，充分发挥各要素之间的协调配合功能；最后，实现整个教学系统顺利实施的目的。

（二）反馈原理

每个系统的执行效果主要来源于实施后的及时反馈。反馈有正反馈和负反馈，正反馈可以加强控制信息的作用，负反馈则弱化控制信息的作用。将其引入教学中时，若教师能及时了解学生的学习情况或者学习效果，那么教师、学生或者其他教学要素即可及时进行改进和完善，并有助于做好相关教学设计及教学方法等方面的调整，进一步保证教学目的高效、高质量完成。因此，及时反馈教学信息在提高教学成效中显得尤为重要。

（三）有序原理

每个系统的要素部分只有合理有序地排列才能保证整个系统组织高效运行。在这个大系统中，不仅要正确处理好内部各要素之间的关系及其与外部环境之间的关系，还要让内部各要素与外部各要素处于有序状态下进行信息的交换，这样才能提升整个教育系统的质量。比如，在现代教育技术中，采用生动具体的直观教学方法，有利于学生形成一种积极的思维过程，帮助其找到适合自己的学习方式。

四、视听教育理论

现代教育技术的主要特征是对现代教育媒体的科学运用，而对现代教育媒体的运用主要通过人类的视听感官来实现。因此，掌握科学正确的视听规律可以有效保证现代教育技术运用效果的最优化。视听教育是充分利用视觉感官、听觉感官的功能进行学习的教育活动，能够帮助学生加深认识、掌握知识、培养品德、发展智能。戴尔（Edgar Dale）的“经验之塔”理论认为，人们学习时，由直接到间接、由具体到抽象获得知识比较容易。他用一个学习经验的宝塔形锥体图来表示不同学习方式的学习效果。这个理论符合由具体到抽象、由感性到理性、由个别到一般的认识规律。它不仅是视听教育的心理学基础，也是现代教育技术的重要理论基础之一。

五、传播理论

传播是一种社会行为过程，它是一个信息传递的过程，信息通过相关的传播媒介传递给其他的受传者。传播的主要社会功能有娱乐、教育、传播信息以及协调信息等。将传播理论应用到教育教学上时，它的功能是将教学内容通过教学媒体传递给学生。目前使用较多的传播媒体主要包括计算机网络、电视、手机等几大类，这些媒体的使用极大地拓展了现代教育技术的运用范围，对现代教育具有重大的建设意义。

现代教育技术的研究和应用，实际上就是分析教学内容、选择设计媒体、评价教学效果，其实质就是在研究传播信息、传播媒体和传播效果，而这些都是以教育传播理论为基础的，因此教育传播理论已成为现代教育技术重要的理论基础。教育传播过程是一个复杂的过程。研究现代教育传播就是要研究教育信息传播过程中教者（传播者）、媒介、学生（接受者）三者之间相互作用的方式、现象、相互关系及其规律。而研究这一过程的方法，往往是先把复杂的过程简化为若干组成要素，根据其特征，用一些图形、符号把这些要素的作用、地位和相互关系抽象出来，成为一种理想化了的代表，这就是模型。

第三节　现代教育技术的应用

一、现代教育技术的应用原则

（一）目的性原则

现代教育技术应用的目的性原则，就是要求教学要从实际出发，利用现代教育技术手段，培养出优秀的高素质的人才。要达到这个目的，学校在运用现代教育技术时，要注重对教师和学生现代教育技术的技能培训和信息素质的培养。对于学生来讲，根据现代教育理念运用现代教育技术，能够使学生学会认知、学会做事、学会合作、学会生存，使之成为具有创新精神和创新能力的人，充分响应素质教育的号召，对学生进行整体性的培养，注意学生的差异性特征，充分结合个人的鲜明特点，真正实现素质教育。对教师而言，既要重视教师的信息技能培训和考核，又要注意培养教师的信息素养。从学校的实际出发，在给教师更多动手机会的同时，还要培养教师的科研能力，让教师能够在教育领域获得长久的发展。

教学目标是教学全过程的导向。教师通过媒体传递教学内容，学生通过媒体接受教学内容，现代教学媒体的选择必须根据教学目标需要确定有效传递教学信息的媒体类型，从而最大限度地发挥教学媒体的作用。对教师来说，确定教学目标，可以帮助教师组织教学内容，选择教学媒体、教学方法，采取适应现代教育理念的教学结构和模式，以调控教学活动程序，从而保证教学目的的实现。

（二）主体性原则

主体性原则体现的是以人为本的现代教育理念，即“以学生为主体，以教师为主导”，这是素质教育在课堂教学中的精髓。现代教育技术毕竟是辅助教学，要注意不能忽视学生的主体地位，多媒体技术只能作为教学的辅助手段，要给学生尽可能多的观察机会、联想空间、思考时间、质疑余地、发言场合，帮助学生增强和发展其主体性。应把学生看作信息加工的主体，注意认知主体的能动作用。学生由“听、记”的学习方式更多地变为观察、实验和主动地思考。教师利用媒体提供的各种信息启发引导学生的思维。切忌忽略学生的主体地位，不顾学生的认知基础，一味追求“变抽象为具体”“变难为易”等媒体表现形式，其结果将仍是传统教育的灌输，只不过增加了现代教育技术的点缀而已。当然，教师的主导地位也不能因为现代教育技术的广泛应用而被取代，应该认识到，现代教育媒体的应用不能取代教师的作用、教材的使用、实验的演示和书面的操练，因为现代教育技术仅仅是教学过程中的一种有效的辅助手段，即使现代教育技术能够就某些抽象概念做具体的展示，就某些规律做模拟演示，对突出重点、突破难点都有独到的优势，但其只能是辅助性质的，无法替代教师和教材。

（三）效益性原则

效益性原则主要体现在提高课堂教学质量、扩大教学效果、减少教与学所消耗的时间和精力三个方面。要满足效益性原则，必须坚持全面发展、培养素质，要设计、编制高质量的教育技术媒体软件，尽快提高使用现代教学媒体和进行教学设计的水平。具体地说，讲究效益，就是要切忌“花架子”。运用现代教育技术手段，必须考虑课堂教学实际效果的最优化，切实地发挥其在课堂教学中的优势，使教学手段、目标、内容三者和谐、自然、流畅，不能只追求技术的先进性、形式的多样化，而进行生搬硬套。表面上花花绿绿、热闹非常，结果往往适得其反。各种媒体的选用应考虑效果，功能互补，合理使用，以达到最优效果为目的。

运用现代教育技术应讲究教学手段和效果相统一，一定要用得实、用得活、用得优，有效地促进教和学的优化组合和教学过程的顺利展开。不能将媒体的现代化程度作为教学水平高低的评价标准。把高新技术低级应用，如把多媒体计算机变成“高级投影仪”、“电子黑板”或“变相录像机”等都是对教育资源的极大浪费。

尽管，现代教育技术拥有诸多优势，但它不可能成为包治百病的“灵丹妙药”，那种希望用多媒体代替教师的想法是不切实际的。过分依赖现代教育技术，崇尚工具理性，追求规范化、单一化的教学模式，势必导致忽视学生人文素质的培养，影响教学的实际功效和长远目标的实现。并非所有课程都适合应用现代教育媒体，因此，在教学中应该体现优势互补，一定要针对教学内容、教学对象和各种配套设施的具体情况决定是否使用多媒体技术。完全可以利用黑板讲清的内容，就没有必要运用多媒体。另外，多媒体的选择也要根据教学的实际需要来确定。

（四）创造性原则

创造性原则是在现代教育思想指导下，充分发挥教学主体潜能和想象力，更大限度利用现代教学媒体来展现教学内容。当今的教育正处于一个飞速发展的时期，与时俱进、开拓创新是社会发展的共同目标，信息技术的日新月异促使教师不断挖掘自身的潜力，努力提高自身的素质，不仅要求教师在教学设计上要有独创性，还要在运用多媒体教学中注重培养学生的创新能力，让学生能够多角度、全方位地思考问题。在制作课件方面，要根据教学情况，向学生展示一些课件制作的过程，必要时说明为什么这样做，让学生了解知识的发生和发展过程。对学生要“授之以鱼”，更要“授之以渔”，帮助学生找到适合自己的学习方法。

（五）反馈性原则

根据控制论原理，系统的控制是以反馈为基础的。教学反馈是将教学系统所产生的结果再输入该系统，并作为以后教学决策的一种信息，它是不断完善教学设计、实现教学最优化的重要因素。

由于教学双方的主观能动性，教学信息的反馈也是呈双向性的，即教师和学生双方既是课堂教学活动的信息源，又是接收器。师生的行为既是反馈，又是信息。在教学中，教师要把现代教学媒体作为促进师生双方，尤其是学生参与教学活动的手段，形成师生间、学生间、学生自身内部的多向反馈结构，增加教学中的评价与反馈，引导学生自主评价师生的活动，参与信息交流的组织与调控。

在运用现代教育技术进行教学时，务必要坚持传统教学中的师生对话和情感交流，同时要注意设计良好的人机对话，使课件有较强的互动性，向人性化方向努力。那种照搬书本和习题集式的课件是不被师生所接受的。

二、现代教育技术的应用领域

（一）课堂教学领域

课堂教学是教育技术应用的重要领域，如何在学校课堂教学中充分利用信息技术所提供的条件，提高教学的效果和效率，促进学校教育的变革，是人们所关注的问题。信息技术用于学校教育绝不是简单地将信息技术作为一种工具或一门课添加到传统学校教育中，而是涉及一系列深层变化。在师生都参加的集体课堂中，面授依然是整个教学过程的核心环节。各类运用教育技术的教学活动，特别是学生利用各类教学设施、设备、媒体、材料、课件进行的独立自主的个体化学习或小组协作学习，对课堂教学起到了协助的作用。要将教育技术资源合理地整合到课堂教学中，需要进行周密的教学系统设计。在进行设计之前，必须考虑在课堂上该不该运用教育技术、如何运用教育技术等一系列问题。无论是在教师的观念中，还是在领导的评价机制上，都应对教育技术抱有合理使用的态度，要用就用好，以达到提高教学质量的目的。另外，为了在课堂上运用教育技术，对任课教师进行培训也是必要的，只有做到了外出培训、校本培训、自我培训相结合，才能够使教师更好地掌握现代教育技术。这样，在平时的教学中，教师才会灵活地运用现代教育技术，从而激发学生的学习兴趣，转变学生的学习方式，引导学生积极参与教学全过程，帮助学生树立起正确的态度、价值观。

（二）远程教学领域

远程教育系统作为教育技术的重要组成部分，自 20 世纪 80 年代以来得到了迅速的发展。远程教学系统与课堂教学系统相比较，技术更像是教师的替代物，而不像课堂教学系统那样技术仅是一种补充。远程教育的决定性特征是“教”的行为和“学”的行为在时空上分离。教师、学生与教学内容的传统关系没有改变，但是教师、学生的关系则由于空间、时间的分离发生了显著的变化。在远程教学中，尽管师生在时间、空间上发生了分离，但这种分离并不意味着学生与教师之间完全丧失了个人之间的联系，只是这种联系改变了形式，它通过通信技术来保证信息的传送，保证对教学和对学生学习的支持。在远程教育中，以学生利用教育资源自主学习为主，以教师辅导助学和同学协作学习为辅。在学生利用多种媒体的课程学习材料等教育资源进行学习的全过程中，学校要组织教师与其他教学辅导和咨询人员为学生提供多种形式的学习帮助和服务，这就需要各种可以实现双向通信的教育技术和教学媒体。除了最常用的在学习中心的定期或不定期的面授辅导，通过邮递系统进行函授辅导、作业批改和指导，以及电话辅导和咨询外，如今还可以通过各种电子信息通信技术（比如各类音频和视频的远程会议系统、电子邮件、专题讨论组和计算机会议等计算机媒介的通信机制）建立师生间或学生、同伴间的双向通信和交流机制。

远程教学要想取得较好的质量和效果，一方面需要学生（成人）有自主的学习与实践的能力，能够把握自己的学习时间；另一方面需要教师或专家对学生进行适当的指导。在远距离指导的过程中，就必然要运用一些适用的教学软件，如流媒体软件、博客等，只有这样才能使远距离教学获得较好的教学效果。

（三）自主学习领域

计算机、网络和现代通信技术的飞速发展，为人才信息能力培养创造了良好的数字环境。多媒体网络使学习的手段、方式更加丰富和多样化，各类网络资源和各种教学软件的涌现，使学生学习知识、训练技能、探讨问题不受时间、地域和教育方式等限制。学生可以自主、自动地进行学习，极大地满足了学生的兴趣、自主选择内容和把握进度的需求，从而大大提高了学生的学习效率和效益，适应了不同类型的学生和不同目标的学习需要。特别是近几年网络上所兴起的基于开放源码的社会性软件的发展，使得网络的应用越来越人性化、大众化，使得终身学习、大众学习成为可能。

三、提升现代教育技术应用效果的策略

（一）提升教师综合素质

在教育过程当中，要使现代教育技术的应用达到最佳效果，就必须提升教师的综合素质和应用能力。为了使教师能够及时转变自身的教学思想和教学意识，学校可以充分利用网络渠道来进行现代教育技术的推广和宣传，了解教师的信息浏览习惯和阅读方式，在恰当的时间进行相关内容的推送，使教师能够

主动地进行学习和探讨。另外，也可以针对在现代教育技术应用中遇到的问题，聘请一些具有较高资质的专业技术人员、专家到学校开展与之相关的主题讲座，围绕教育话题或问题来进行深入探讨，借助各方教育合力和权威助力来解决相关问题。学校还要立足于实际的发展需求，对现有的师资力量进行全面的调查分析，面向全社会招聘具有较高的现代教育技术素养和专业能力的优秀人才，对其能力水平、素质、思想、品德等进行全面的考核，根据现代教育技术的特性进行相关的岗前培训，使具备执教上岗资格的优秀人才能更快地掌握现代教育技术的方法。

为确保教师发展、教育发展与现代教育技术发展保持一致，学校还需要采取有效措施来促进教师培训的常态化，引导教师积极参与现代教育论、教学系统设计、教学技术学导论、计算机应用基础、摄影技术基础、程序设计基础、数据库原理与应用，以及社会学、心理学、行为学、管理学、信息技术学等理论的培训学习；或根据实际的现代教育技术应用标准，科学设置教学设备调试与维修、教育网络应用、教学方案设计、电视电声教材制作、多媒体课件设计与制作、多媒体应用技术、录像资料设计与制作、摄影技术基础、计算机信息处理与图像制作、电化教育管理等培训项目，引导教师根据自身实际水平和需求来参与培训，并对整个培训过程进行全面考核，使教师能够更好地将现代教育理论和技术转化为自身的素养和技能，并在实际的教育当中进行有效应用。

（二）加大基础设施建设力度

在现代教育中，学校要全面加强对基础设施和设备的关注，聘请具有较高资质和素养的技术人员，定期对学校的现代教育设备进行全面的检修，保证基础设施的正常运行。当发现设备和器械出现零件老旧或者运行障碍时，则需及时采取相应的措施对其进行处理。针对一些无法跟上教育发展需要的设备，则需视情况进行淘汰和回收。技术人员可将设备检测生成的报告或相关数据存储在数据库当中，以供技术人员和管理人员根据情况来进行调阅和利用。学校可以按照相关部门的要求，对实际教学进行有效的评估，根据自身情况进行专项资金的申请，还可以和一些具有较高资质的机构或企业进行合作，争取资金支持，也可以利用网络渠道来吸引社会组织提供资金支持，将每一笔交易资金的使用情况进行公示，以期能够获得更多的办学资金。

（三）加强对先进教育技术的引入

在现代教育技术应用过程当中，教师要充分掌握教育技术网络化、数字化、智能化、系统化、实时化的特点，在充分了解教育要求和人才培养目标的情况下，根据不同的课程要求，创造性地进行现代教育技术的应用。例如，在进行某些实验教学时，可引进计算机仿真实验技术，对实验仪器、实验设备、实验过程、实验结果等进行有效的还原、仿真、模拟，科学进行相关参数设置，计算机就能以此为依据来完成相关的实验运算。当学生操作软件进行实验时，计算机系统能通过数据联动的方式做出相关反应，并生成相应的实验结果，特别是在进行一些具有较高复杂性和危险性的实验教学时，应用该技术不仅能够取得较为理想的教学成效，还能有效降低实验的风险并减少隐患。另外，虚拟现实技术（VR）能有效增强课程教学的临场性和真实性，教师只需在课前制作相应的模拟实验室或者模拟工厂，学生就能够通过佩戴 VR 设备，融入相应的学习环境和场景当中，进而能够在教师引导下进行身临其境的探究和实践。

然而，教师无法对每个学生进行全面的教育和指导。在此情况之下，教师可以通过现代教育技术，对学生的课内学习和实践状态进行全面监督，以便及时发现其存在的问题，并对其进行辅导和点拨。为了打破传统的以教师为主导的教育课堂的局限，教师要充分利用现代教育技术来对固有的教学资源进行全面转化，形成能够更加契合学生思维发展和认知发展的图片、音频、动画、视频等，结合教学目标来对其进行有效的编辑和处理，使之形成具有更强价值性、引导性、趣味性、针对性的优秀教学资源。另外，教师还可以通过构建现代教育全新数据中心或者数据库，将一些优秀教学资源或者生成性教学资源进行存储，根据资源的属性进行等级设置，并安排专业人员对其进行管理和维护。为有效增加教学资源的应用效率和交互性，可在校内网络系统中构建全新的现代教育技术资源共享平台，及时对平台上的信息进行更新，也可让教师将自己的教学过程录制成视频进行传输，或发表自己对现代教育技术应用的一些意见看法、心得经验，积极地和其他教师进行沟通、交流、探讨。

另外，教师还可以为学生构建具有较强交互性、代入感、真实性、客观性的教学情境，巧妙地进行问题导入，使学生能够在具体的情境之下进行探究和学习。教师还可以将现代教育技术和小组合作进行结合，考虑学生的层次特性，以现代教育技术为切入点，引导学生层层递进地进行探究和实践，在更好地兼顾不同层次学生的同时，使现代教育技术更具针对性和适应性。教师也可以在课堂教学过程当中引入翻转课堂等教学模式，借助现代教育技术来进行教学视频的制作，通过微信、QQ、微博等方式将其推送给学生，学生在手机端和电脑端进行接收，并能利用碎片化的时间来进行有效的学习。而在课堂教学中，则要以现代教育技术为主，引导学生进行自主学习、合作探究、师生交流。在构建较为良好师生关系的同时，使学生更快地掌握相关的理论、方法和技能。

第二章　智慧课堂的体系构建

第一节　智慧课堂的基本概述

一、智慧课堂的含义

智慧课堂的提出和发展实际上是学校教育信息化聚焦于教学、课堂、师生活动的必然趋势。关于智慧课堂的含义，从不同的视角来看有不同的理解。“智慧”通常包含心理学意义上的“聪敏、有见解、有谋略”和技术上的“智能化”两个不同层面上的含义。因此，对智慧课堂的概念有两种视角的理解：一种是从教育视角提出的，新的课程理念认为，课堂教学不是简单的知识传授或学习的过程，而是师生情感与智慧综合生成的过程，智慧课堂的根本任务是开发学生的智慧，这里智慧课堂的概念是相对于知识课堂而言的；另一种是从信息化视角提出的，指利用先进的信息技术手段实现课堂教学的信息化、智能化，构建富有智慧的教学环境，这里智慧课堂的概念是相对于传统课堂而言的。事实上，上述两种视角的认识是紧密关联的，利用信息技术创设富有智慧的课堂教学环境，其根本目的是促进知识课堂向智慧课堂转变，实现学生的智慧发展。

从信息化的视角来界定，智慧课堂就是将先进的信息技术作为实现教育目的的手段，使课堂教学环境更加富有智慧，进而实现教育教学的智慧化。因此我们将智慧课堂理解为在信息技术的支持下，通过变革教学方式方法，将技术融入课堂教学中，构建个性化、智能化、数字化的课堂学习环境，打破传统的单向教学，实现师生双向互动，切实提高教学质量和教学效率。

二、智慧课堂的构成要素

要实现真正的智慧课堂，需要智慧教育观念、智慧课堂环境、智慧教学活动三大要素。也就是说，智慧课堂以智慧教育观念为基础，以智慧课堂环境为支持，开展智慧教学活动，构建智慧共同体，优化智慧学习过程，提升师生信息素养和创新能力，最终实现学生个性化成长、智慧发展。

（一）智慧教育观念

智慧教育观念融合了个性教育理念、智慧教育理念和建构主义、联通主义等学习理论，它们共同组成构建智慧课堂的基本理论。个性教育理念注重学生的特点，注重个体之间的独立性和差异性，注重个体自身能力的培养，使学生能够独立地以主人翁的身份参加教学活动。智慧课堂从学习环境、学习资源到教学方式无不体现出个性教育理念。基于智能学习分析，教师对每个学生的学习过程和学习行为都了如指掌，清楚每个学生的个性化学习需求，在学生学习时为其推送专属的学习资源，并且根据学生的差异开展差异化教学，游刃有余地进行因材施教和个性化教育。智慧教育是一种基于物联网、云计算、大数据、移动通信等新一代信息技术的新型教育形态和教育模式，具有物联化、感知化、泛在化、智能化和个性化的特点。而智慧课堂是课堂层面的智慧教育实践，智慧课堂的教学实践源于智慧教育的相关理念，二者在内涵、特征、目标等方面有所重叠。建构主义、联通主义等学习理论是智慧课堂构建的理论基础，对智慧课堂构建具有重要的指导意义。

（二）智慧课堂环境

智慧课堂环境是由诸如人工智能、大数据、云计算、物联网之类的智能信息技术创建的，它的核心是一个由“云、台、端”组成的智慧课堂智能化服务平台，可为课堂教学提供信息化、智能化的服务支撑环境。智能云服务以深度强化学习技术、虚拟化及资源调度技术、计算与存储技术等技术为支撑，提供资源管理、微课应用、智能推送、在线学习、智能评价、互动服务、教学工具等功能，可以满足师生对教学资源和教学互动的需求。如学生在课前、课后完成微课学习后，平台能对其提交的个性化作业进行智能批改，并且开展全过程动态学习评价，便于教师实时掌握学情、即时精准讲评，系统还能根据学生的学习情况智能推送学习资源，支持资源的存储、传播、应用等。教室智能平台以智能控制技术、多媒体技术、环境感知技术等为支撑，提供多屏交互、数据汇集、智能实录、智能批改、智能管控等功能，收集教师终端和学生终端的全过程数据，并对数据进行实时挖掘、分析、加工，满足师生的课堂互动需求和精准教学需求。如教师终端能实时无线投射到大屏幕和学生终端上，从任意书写、课件讲解到插入图片、作业批注，学生都能与教师实时交互。同时，智能平台能一键开启录制模式，实时收集课堂实录资源和教学交互数据；能一键实现课堂管控，智能调控环境终端，智能推送教学资源，智能批改课堂作业。智能端应用工具以实时通信技术、人机交互技术、数据同步技术、决策算法技术等为支撑，以教师端和学生端为主，包括智能手机、计算机、无线话筒、高清摄像头等智能移动终端设备，满足师生移动化课堂教学应用的需要。如教师运用智能终端进行微课制作、开展课堂互动、布置批改作业、查看课堂实录等，学生通过智能终端进行微课学习、响应教师互动、提交作业、整理错题、开展自适应学习等。智慧课堂环境凸显出一体化、智能化的特点，为实施智慧课堂教学奠定了基础，为智慧教学活动的开展给予了全方位支持，为学生进行智慧学习提供了平台。总之，新一代智慧课堂环境将智能云服务、教室智能平台和智能终端串联起来，使数据传输和通信通道畅通无阻。

（三）智慧教学活动

智慧教学活动是智慧课堂的重要组成部分，教师“智慧”地教与学生“智慧”地学必须通过智慧教学活动才能得以实现。在教师创设的探索、迁移、个性化学习情境中，学生经历协作、探究、智能化的学习过程，与教师、同学、智能终端展开动态、多元化的教学互动，主动进行知识建构，解决学习中的问题，动态生成学习成果，获得及时、开放性的教学评价，最终实现智慧发展。智慧教学活动涵盖多方面、多维度、多主体，打破了时空界限，能够随时随地为学生学习服务。运用大数据采集、分析等技术，智慧教学活动更加高效、科学，教师全面掌握学生的学习数据，能够进行科学高效的备课、互动、辅导和评价，大大提升了教学效率和教学活动的可视化程度。在智慧教育观念的指引下，教师智慧地教学，组织智慧教学活动，学生在这个过程中能够掌握智慧的学习方式，自主探究意识得到了锻炼，思维能力得到了提升，最终获得智慧的发展。培养学生的智慧并非一蹴而就，需要智慧教学活动中的每个环节层层渗透。同时，智慧教学活动促进了人才模式和教学方式变革，对信息化背景下的教学活动进行了价值重构，使其更好实现智慧课堂核心教学目标。由此看来，智慧教学活动的重要性不言而喻。

实现智慧课堂的构建，要坚持智慧教育观念先行、智慧课堂环境先变、智慧教学活动先转。观念先行，树立新的教育理念，与时俱进，紧紧围绕新课程的实施和新考试评价改革的需要，突出学科核心素养的培养要求，在信息环境下革新人才培养模式；环境先变，改变课堂教学环境，利用人工智能、大数据和其他智能信息技术来为课堂赋能，提高课堂的智能服务水平，创造智能化、网络化、数据化、交互化的课堂环境；活动先转，因“课”制宜辟大道，转变智慧教学活动，加快信息技术与课堂教学的融合，构建全新的信息化课堂教学体系，以人才培养为关键，以智慧生成为根本，不断赋予智慧课堂新的生机和活力。

三、智慧课堂的特征

智慧课堂与以往所提到的技术参与的课堂相比，更强调促进学生的智慧发展，更关注学生的学习过程，更需要教师的教学智慧，在技术使用、教师教学、学生学习方面体现出自身的智慧特性。下面从课堂教学的角度简要介绍智慧课堂的一些基本特征。

（一）智能的而非机械的

传媒技术的蓬勃发展不断影响着课堂，交互式电子白板系统、实时录播系统、远程电视系统构成了多媒体网络课堂环境，海量信息资源、多元实时互动、人机交互、远程教学、智能操作开始出现在课堂上，技术更进一步融入课堂教学。人工智能、物联网、大数据、云计算等智能信息技术的出现，升级优化了之前的新媒体课堂环境，要求我们借助新的技术条件突破旧有的教学难题，用智能的课堂环境打开课堂教学的新局面，形成信息技术与课堂教学智慧融合的局面。智慧课堂拥有信息化的课堂环境，与以往的技术课堂相比，最直观的莫过于物理环境的不同。物理环境包含以下两个方面。

1.设施环境

智慧课堂的设施环境由智能云服务、教室智能平台、智能终端三部分组成，还涵盖资源分层共享、实时内容推送、学习情境采集、智能学习分析、即时反馈评价、协作互动交流和移动通信互联等技术。设施环境的变化使得智慧课堂拥有了传统课堂无法实现的功能。在智能云服务的支撑下，教师能够开展网络教研、智能评价、智能阅卷、智能备课、资源下载等活动，学生能够获得个性化作业、全过程学习评价、微课预习辅导、网络学习空间等，动态学习评价和智能化资源推送成为课堂的附加功能。在教室智能平台强大的数据处理下，师生能实现无障碍、跨平台交互，直播授课和实时教学资源分享、推送不再是梦想，教师能获得课堂全景数据分析，清楚了解学生的课堂学习情况，学生当堂提交的作业能及时被批改，师生在课堂中能轻松实现智能交互问答，享受课堂环境智能管控、调节带来的便利。当教师和学生将智能终端作为教学基本用具时，课堂互动、作业反馈、合作学习、微课录制、电子作业、电子错题、移动学习等都变得轻而易举。教师的智能终端可以在整个过程中为教师提供教学服务，从微课制作到课堂互动，从学生评价到实时录制，涵盖了多种教学功能，是开展精准教学、打造智能高效课堂的必备工具；智能终端能够为学生提供全场景式学习服务，从微课学习到课堂互动，从学习评价到智能手写，涵盖多功能的、便利的学习工具，是学生开展自适应学习、跨时空互动交流的必备工具。不同科技公司会提供不同的智慧课堂设施产品，如科大讯飞提供的讯飞智慧窗、讯飞智能学生机、班级超脑，青鹿科技提供的青鹿盒子、金课教学云平台、触摸一体机等，它们都围绕“云一台一端”进行整体架构，使得课堂环境变得智能化、技术化。智慧课堂中的设施并不是机械存在、独立于课堂之外的，而是真正地为教与学服务，是课堂的一部分，全面支撑着教师开展常态化教学工作。例如，人性化的操作让教师能够一键导入课件、一键引入资源、一键投屏、一键发布练习、一键管控教室终端、一键批改作业等，智慧灵敏的学生终端助力学生提交任务、多屏互动、成果展示、观看课件、调取课本、讨论评价等。师生互动交流、教学活动开展、教育资源展示更加轻松便利，更加契合教师教学习惯，为学生进行课堂学习提供方便。

2. 时空环境

智慧课堂的时空环境更为智能灵活。在时间的安排上，教师的教和学生的学不会被固定的课堂时间所局限，利用智能云服务平台，可以实现课前课后辅导、学生在线学习等，将教学活动从课内延伸至课外，学生学习时间更宽泛灵活。在空间的组合上，教室桌椅可根据教学活动的需要快速灵活移动，学生终端可成为小组独立的讨论交流空间。另外，在 5G（第五代移动通信技术）和 VR 技术的加持下，动态沉浸式的 VR 教育资源为学生带来虚拟化、多样化的学习场景和科学实验，师生不仅可以在学校教室里使用 VR 设备，还可以在操场上和其他区域使用 VR 设备，教学场景不受空间限制，突破传统课堂设施及环境的界限，让学生在虚拟多维空间中自由想象、探索，提高课堂空间的使用率，扩充智慧课堂教学空间。

（二）高效的而非形式的

高效教学是智慧课堂教学的本质特征，也是课堂教学改革的长久追求。高效的智慧课堂体现在以下三个方面。

1.互动频率高

智慧课堂中的教学互动以智能化服务平台为支撑，以转变教师角色为关键，以促进学生发展为目的，通过多元化的互动形式、灵活化的互动时间、一体化的互动空间、综合化的互动角色，提升课堂教学互动的深度和广度。课堂教学互动扩大为线上线下一体化的互动，师生、生生互动不仅局限于课堂内的提问、讨论、讲评、分享、练习等，还延伸至课下任何时间、地点开展的线上互动，包括微课推送、疑点解答、单独辅导、作业反馈、实时交流、练习提交、智能测评等。教师以支持者、帮助者、引导者的身份在学生需要时与其展开互动，使互动为学生学习服务，在互动中锻炼学生能力，促进其智慧发展。同时，家长可以通过终端和管理平台掌握学生的学习轨迹、关注学校动态、快速与教师沟通、查看作业布置、了解孩子班级信息等，家校沟通的频率提高。在线远程互动促进了家校协作，使得家长与教师的联系更加紧密，推动了教育合力的形成。基于此，互动变得多元便利，师生、生生、家校的互动机会增多，互动次数增加，互动效率提高。

2.教与学效率高

新一代信息技术融入课堂，势必会提高教学效率，智慧课堂也不例外。对于教师来说，课前借助可视化的数据统计掌握学生的预习情况和问题反馈，有针对性地进行备课，提高备课效率；课中快速调取授课资源，有针对性地讲解知识重难点，随时发布课堂练习，并智能标记、截屏收藏重点内容，节省教师板书时间。同时，测评结果实时分析，即刻为学生解答，提高课堂教学效率，对学生终端的信息发布、讨论交流和问题反馈，教师也能即时回应。课后智能化的作业批改，减轻教师批改负担，并能自动监测学生的学习情况和学习习惯，生成统计数据，教师能了解每个学生的学习情况，提高教师工作效率。对于学生来说，他们能够根据自己的学习程度，自行开展针对性学习，自主选择学习任务，减少重复无效练习，在练习后能立即查看完成情况、得分情况和知识点掌握情况，错题集自动更新，并生成属于自己的练习报告。学生通过数据对自己的练习情况一清二楚，更加了解自己的学习，也更便于掌控自己的学习。同时，学习内容也更为丰富多彩、立体生动，从文件、动画到微课、慕课等，学生更乐于接受，更易于领会。这样的学习更主动、规律、科学和个性化，学习效率也大幅提升。

3. 学习成效高

在教学结构、教学策略、教学活动等方面，智慧课堂颠覆了传统课堂，使课堂教学效果显著提升。在教学结构上，智慧课堂改变传统固定的课堂教学结构，以课前、课中、课后三个环节组成教学模式，以教师任务推送、针对性讲评、互动反馈为驱动，以学生展示分享、合作探究、随堂测验为核心，结合学科特点灵活组织教学环节，制订特色教学方案。在教学策略上，改变传统的一股脑将所有知识输出的教学方式，在技术的助力下因材施教，实施精准教学。以全过程学习数据动态分析为基础，参考每个学生的学情反馈，为学生推送个性化的预习内容，提供分层练习，开展针对性辅导，以学定教，使得教学内容更契合、更匹配学生的学习，增强学习效果。在教学活动上，灵活的终端加有趣味性的资源，使得教学活动更加丰富有趣。例如，教师可以设置知识闯关游戏、课堂问题抢答，以及随机抽取同学进行展示等，调动学生的课堂参与积极性，提高学生的课堂参与度，适当给予学生“点赞”“加分”“抽奖”“开红包”等奖励，推动教学目标的达成。

（三）个性的而非孤立的

个性是智慧课堂的基本特征，可以从两个方面对其进行理解：一方面，个性指智慧课堂中学生的学习方式；另一方面，个性指智慧课堂教学的培养目标。这两个方面紧密地联系在一起，通过个性化的学习方式来实现学生个性的完善和发展，而学生所拥有的健全个性也能反作用于智慧学习过程，助推学习能动性、主体性、智慧性的实现。个性化学习是基于教师建构的个性化学习情境展开的，教师根据学生课前预习情况和课中学情诊断，在数据的帮助下，清楚了解学生的知识掌握情况，并结合教学经验科学评估学生的个性化学习能力，据此为学生定制教学计划和辅导策略，将学生置于全方位的个性化学习环境中，这样的学习情境更契合不同学生的学习特征，更符合不同学生的认知水平。在这样的情境中，不管是随堂作业还是课后作业，不管是考试复盘还是自主复习，学生都能获得属于自己的个性化作业，从而根据学习薄弱点对症下药。同时，在智能知识图谱的帮助下，教师和学生能够直观地看到学习过程中已掌握的知识点、还未掌握的知识点，以及还需要掌握的知识点。智慧学习系统还能够精准检测学生的知识点掌握状态，细化、匹配知识点和题型，使得学习脉络更加清晰化和可视化。然而智慧课堂中的个性化学习并不是孤立地学习，学生在自主选择学习内容、自主掌握学习序列、获得差异化学习评价的整个学习过程中，都能够得到教师的引导、支持和陪伴，课内课外的师生互动、随时随地的答疑反馈、学有成效的表扬肯定等。教师关注着学生在智慧课堂中的学习进程和学习情感，在学生需要时帮助学生回到正确的学习轨道，为学生提供个性化支持。另外，在智慧课堂这个智慧共同体中，小组里的学习伙伴、班级里的学习团队都能给予学生情感鼓励，线上线下的竞赛比拼、同伴之间的交流展示都会提高学生个性化学习的学习动机和学习兴趣，让学生线上学习不孤单、线下听课不迷路，增强个性化学习程度。

个性是智慧课堂教学的一种价值追求，个性教育理念更是智慧教育观念的重要部分。培养学生个性并不是让学生自我、孤立地看问题，而是让学生在融入群体、社会中时能够具有独立思考、自主判断的能力。素质教育强调追求学生个性发展的完整、完善、完美。智慧教育强调在智慧课堂中，建设适合学生个性发展的智慧共同体，使课堂充盈着生命智慧，通过师生、生生真挚情感的互动交流，通过丰富多样的课堂教学活动，通过开展以学生为中心的个性化学习，张扬每个学生的个性特点，学生的主体性和创造性得到了最大程度的发挥，个性得到了自由充分的发展。智慧课堂十分注重对学生独特性的培养，尊重学生的差异，为学生建构个性化的学习情境，激发学生对学习的主动性和积极性，从丰富的学习资源到个性化作业，从协作探究学习到自适应学习，每个学生都能够体验到自主性、个性化的学习过程，用全过程的个性化学习助力个性的良好发展。

（四）能动的而非要求的

智慧课堂是能动的，能动是智慧课堂的本质特征。从学生角度看，能动指学生在智慧课堂中，能够发挥主观能动性寻求智慧发展；从教师角度看，能动指教师在进行教学时，能够应对动态生成的智慧课堂。学生是智慧学习能动者，教师是智慧教学能动者，在智慧课堂中师生实现智慧联动，而这种联动是课堂教学变革的重要力量。因此，应从变革教师开始，到变革课堂教学，进而实现学生的智慧性变革，促进课堂教学变革的同时，促进师生智慧发展。

学生的能动是以教师能动为基础的，是在教师的引导、帮助下逐渐培养起来的，因此，教师在智慧课堂中需要积极主动地应对课堂教学的变化，抓住学生智慧培养的动态生成性，为学生创造发挥主观能动性的条件，为学生的智慧发展提供有力的支持。在这种场所智慧、活动智慧、共同体智慧、生命智慧的课堂中，学生能够大胆发展自己的学习兴趣，积极发表自己的意见和建议，踊跃提出问题并回答，主动进行思考和迸发灵感。教师积极地关注学生，全身心地接纳每个学生，用自身的智慧内生力带动每个学生的智慧发展。

（五）科学的而非经验的

科学也是智慧课堂的基本特征之一。科学建立在强大的信息技术基础上，而智慧课堂是多种智能信息技术的“集装箱”，包括移动互联网络、云计算、大数据学习分析技术等，实现基于数据的科学决策和科学评价。对于教师来说，以往大多凭借多年的教学经验进行教学预设，在做教学决策时仅根据学生的课堂反应，无法了解到课后学生的真实想法和学习动态，因此难免会出现错误判断，这样的教学决策缺乏科学性、全面性、系统性。智慧课堂能够为教师提供学生的动态学习数据，从课前预习到课后复习，从阅读、练习到考试、测评等全部学习过程，都能够进行完整的学习记载跟踪，实时向教师反馈学生的学习水平、学习需求、学习行为、学习效果等，并通过可视化的数据及图谱呈现出学生的学习情况，包括学习特征、学习基础等。这样一来，教师结合多方面的科学数据，能更全面地了解学生，实现因需施教和因人施教。例如，课前教师在智能终端上查看学生的预习情况，根据学生的预习作业数据，强化学情分析，开展科学备课，优化教学预设；课中教师可随时发布课堂测验，实时获取学生的学习情况和互动情况，了解教学效果，便于科学调整教学进度和策略；课后教师根据学生的课堂学习数据，分层布置作业，并根据每个学生的学习情况科学开展针对性辅导。从科学备课到科学授课，再到科学辅导，教师在数据的支持下可以关注到每一位学生的学习过程，可以追踪到每一位学生的学习行为，可以了解到每一位学生的学习需求，从而科学地开展精准化教学和差别化教学。

在传统课堂中，教师会根据学生的课堂表现、课后作业和期末成绩对学生进行期末评价，实际上教师很难统计学生整个学期的表现和成绩，多数时候是凭借记忆和经验对学生作出评价。然而学生是不断发展的人，学生的进步成长是非常迅速的，这样凭借过去经验和记忆的评价难免具有一定的片面性、主观性和表面性。智慧课堂采用动态伴随式评价，关注学生学习过程中的评价，使得教学评价为智慧课堂教学服务，多元的评价方式和评价维度凸显了评价的科学性和开放性。智慧课堂教学评价包括课前的预习测评和问题反馈、课中的随堂测验和即时反馈、课后的作业评价和后续反馈。在智能化教学服务平台对学生学习数据实时采集、分析后，教师即可获得学生学习的可视化报告，便于记录和追踪学生的学习状态，清楚掌握学生的学习行为，借助直观数据了解到学生的知识掌握情况，这些即时反馈的学习评价相较于传统课堂评价更为具体，教师能够精准了解每个学生的优缺点，能够随时随地查看学生的学习数据，对学生作出科学评价。在技术支持的基础上，评价方式变得多元，如可采用电子档案袋、学生错题本、电子量规、知识图谱等进行评价；评价主体变得丰富，如可进行线上互评、小组评价、师生互评、组间互评、家长评价等；评价维度变得多样，如通过口语测评、朗读测试软件等将单一知识评价转向能力评价，通过作品展示、运动数据、家务劳动等将单一知识评价转向综合素质评价。如此一来，学生能够获得不同主体、不同维度、不同方式的评价信息，能够从不同的角度去认识自己，用开放的心态对待智慧课堂评价。

第二节　智慧课堂的教学设计

一、智慧课堂教学设计的原则

智慧课堂教学设计以现代信息技术和资源为基础，以培养学生为中心，科学地整合教学中的各个环节和要素，从而完善教学过程。结合智慧课堂信息化教学活动的特点，本书提出基于智慧课堂模式的课堂教学设计应遵循的以下五项原则。

（一）坚持以学生为中心

智慧课堂建构在以学生为中心的建构主义理论基础上，将学生视为认知的主要部分和知识意义的积极建构者，教师只是帮助学生去建构意义，而不是直接向他们传授知识。所以，在基于智慧课堂模式的课堂教学设计中，要坚持以“学”为中心，把培养学生自主学习的能力放在首要位置。应设计合理的信息化学习环境，发展学生的主动性、主体地位，并引导他们利用互联网和多媒体信息来积极学习、讨论、练习和操作，从而提高学生的学习能力。

（二）强调教学情境的创设

智慧课堂教学模式下的教学设计非常强调情境的作用。建构主义认为，不一样的情境能够赋予学生不一样的活动效果，也就是说，学生在不同的情境中会表现出差异化的行为，而情境的创设是学生成功建构知识体系的必备条件。因此，在教学的过程中，应创设情境化的学习环境，让学生通过参与解决实际问题等实践活动体验真实的场景。教师可以结合实际情况和教材进行实战模拟，从而保证学生不仅具备扎实的知识，又能将所学的知识运用到实践中去。总之，智慧课堂的教学情境是根据具体的教学目标，在信息技术和资源的支持下，将学习的内容组织成更现实的活动，从而支持学校的教学活动。

（三）强调全面的协作交流与互动

建构主义学习理论认为，学生与周围环境的相互影响是建构其自身知识含义的关键。在智慧课堂模式下的课程教学实施过程中，学生通常以小组合作的形式进行学习，在学习过程中他们都扮演着一定的角色。通过彼此间协作交流与互动，他们可以共享思维和智慧，也就是说，知识的建构是整个小组共同完成的，而不是几个同学单独完成的。因此，在进行协作学习和交流互动时，学生应该被看作一种学习的“资源”。此外，学习过程中的协作交流与互动不仅局限于学生，也包括教师与学生之间的交流和互动。

（四）强调对学习过程的评价

智慧课堂教学平台具有分析和评估整体教学进程的动态学习数据功能。与传统的只注重结果的评价不同，智慧课堂教学注重对学习过程和学习资源的评价，以及对学生在活动中的行为和效果等状况的反馈。评价能够及时地反映学生在学习过程中各项表现的综合数据，包括学习行为、成果、日志、日常作业与测试、讨论交流情况、演示、模型和其他反映学习过程表现的记录。例如，在小组讨论环节，教师要对学生的表现进行客观性的评价，通过课堂的记录来分析学习情况，并与学生讨论彼此在学习过程中的不足之处，通过评价来激发学生的主观能动性，促进其学习水平的提高。

（五）充分利用各种信息资源

在智慧课堂教学中，信息资源的开发和教学情境的创设是相辅相成的。在智慧课堂模式下的教学设计应该考虑选择哪些信息化教学素材能够帮助学生发现、分析并得出自己的结论。同时，所创设的学习情境应该有助于学生充分展开研讨，能够帮助他们解决问题，支持他们独立学习和进行协作式研究，促进学生的意义建构。智慧课堂教学中的技术工具和环境资源关系到学生学习目标的实现和学习任务的完成。

二、智慧课堂教学设计的思路

（一）抓住课堂教学的“变”与“不变”

当把技术引入课堂之后，课堂教学会发生变化，但这些变化并不是全盘更改，其中也存在恒定的、必须坚持的一些要素，即教师在教学设计时需要先行厘清智慧课堂中到底有哪些变，有哪些不变。显而易见，教育目的、课程标准、教材内容、教学重难点等这些要素不会变。另外，每个课时存在的内在知识递进、课堂演进逻辑、知识导入、练习巩固、拓展应用、课堂小结等基本的课堂教学环节依然存在，变化的是这些环节中的具体教学活动形式。例如，传统的知识导入多利用口头语言、音视频等，而在智慧课堂中则多采用趣味游戏、模拟实验、交互视频、在线测试等教学活动形式。所以，教师在智慧课堂中应根据教学环节选择更高效的教学活动形式，只有这样，才能抓住重点，避免因技术引入而造成课堂过于零碎的问题，同时也能让教师关注学科本身而不至于跑偏。

（二）抓住技术使用的“性价比”

在课堂中使用技术也存在一定的代价，这些代价包括前期准备投入、课堂占用时间、偶发风险等。智慧课堂不应是高不可攀的课堂，而应是每位教师都触手可及的课堂。比如，对于一些晦涩难懂的知识点，要考虑是否需要技术进行辅助；对一些需要教师投入大量时间精力准备的功能或者使用后课堂无法管控的功能，则不推荐教师使用。

（三）抓住技术的可利用空间

实践证明，技术价值的发挥依然取决于教师。因此，教师在教学设计时不单要选择技术，还要考虑技术的可利用空间，充分挖掘技术的潜在价值，让技术最大限度地服务于教学。

三、智慧课堂教学设计的内容

智慧课堂作为智慧教育在传统课堂教学中的应用，为培养学生解决问题的能力、促进创造型思维的发展提供了个性化、数字化的虚拟课堂学习环境。教师应结合信息加工教学模式理论，从智慧教学目标设计、智慧学习策略设计等方面进行智慧课堂教学设计。

（一）智慧教学目标设计

智慧课堂在信息技术的支持下开展教学活动。面对日新月异的技术变革，教师和学生面临的挑战比较大，要求也比较高。因此，教师更需制订具体的教学目标和计划来指导教学活动。根据智慧课堂的培养目标，结合教学目标的分类方法，可将智慧教学目标分为智慧教学总目标、智慧课程目标、教学单元目标和课时目标。

智慧教学总目标是培养学生成为有创新智慧的人，使其成为适应新时代的创造性人才。新时代创造性人才的智慧包括人文智慧、实践智慧、学习智慧等多方面。智慧课堂创设智慧学习环境，除了培养学生知识与技能方面的能力外，更多的是培养学生的多维智慧能力，使其在轻松的学习过程中主动思考，主动探索解决问题的方法并学会学习，用积极的态度去战胜消极的影响，注重品行的养成，使其成为全面发展的新时代人才。

智慧课程目标是教学总目标的细化，是指在整个课程结束之后学生在德、智、体、美、劳等各方面应达到的标准。教学单元目标是课程目标细化之后的子目标，是具体到各单元知识学习完成后学生应达到的标准，包括学生在此单元学习了什么内容，如何运用，运用应达到何种水平等。课时目标具体到每一堂课的内容，该节课应掌握哪些内容，包括每个知识点的学习情况等。

（二）智慧学习策略设计

掌握适合自己的学习策略对于学生来说是一项重要的任务，经过一系列的练习，学习策略是可以被学生所掌握的。但是需要注意，不能任意地选用一些策略进行操练，而应当根据学习对象、内容和环境的不同采用适当的策略，这样才能达到最好的练习效果。下面是一些常见的学习策略。

1. 合作探究式学习

合作探究式学习是指教师在课堂教学中将学生分为多个小组，让他们自主探索课堂中的知识点。由于智慧课堂是高科技的产物，教师可以在智慧课堂信息化平台中引导学生填写个人特点以及学习目标，然后通过分类归纳，将兴趣相似的同学分成一个小组，这样会使得他们在后续的学习中能够更好地进行合作，有效调动学生的积极性和学习的主动性。教师可以先向学生抛出一些与教学内容相关的问题，然后小组成员带着问题去学习，并通过小组讨论形成自己的观点。在这个过程中，教师可以通过智能教学助手来关注学生的交流情况，重视交流的效果，营造出积极向上的学习氛围。

2. 案例教学

案例教学能够启发学生思考，提升学生处理实际问题的能力，增强他们的实践技能。同时，案例教学也是对理论和实践的完善过程，没有案例教学的课堂是缺乏挑战性的课堂。教师将真实的案例发送给学生，在这种情境下，学生不再是知识的单方面接受者，而是一个积极的思考者和案例问题的实际解决者。

3. 任务驱动法

任务驱动法是一种基于建构主义理论的教学方法。教师将相应的学习内容划分成若干个任务，引导学生借助相关的学习资源，引入一系列现代信息技术进行自主探索或者小组合作，按时完成各项任务，并在此期间有序掌握技能。与以前的机械式灌输方法相比较，任务驱动法注重发挥学生的主体作用，倡导“在学中做，在做中学”，进而实现以课堂任务为基础，以教师和学生为主体。在完成任务的过程中，学生不断获得成就感，这也激发了他们的学习兴趣。同时，教师与学生建立起更紧密的互动关系，使教学在语言交际的过程中得到了有效的实施，从而提高了学生的知识运用能力。

四、智慧课堂教学设计的优化

智慧课堂作为课堂教学的新方向，其教学模式的设计、选择、应用要与智慧课堂教学环境相匹配，要符合智慧课堂对学生的培养目标的要求。智慧课堂教学模式要充分利用智慧课堂的资源进行科学合理的设计，以培养有智慧的人才。在教学模式的设计上，要注重从学生实际出发，适应智慧课堂发展的特征。

（一）注重学生个性化

信息技术环境下智慧课堂教学模式的设计首先要关注学生的学情，从课前预习阶段开始，借助信息技术手段对学生的情况进行细致了解，包括学生特征、知识水平、认知能力、学习兴趣等，在对学生的情况进行了解之后，教师可为学生制订与学生情况相符合的教学方案。通过持续不断的测试强化，学生所学的知识逐渐得到巩固，其自身能力也在不断提升。教师应帮助学生养成良好的学习习惯，借助信息技术激发学生主动学习、主动探索、相互协作解决问题的兴趣。智慧课堂可通过网络技术为教师和学生提供各种资源，帮助教师实现因材施教，并根据学生的学习特征进行资源推送，建立符合学生特征的个人学习档案，方便家长和学生随时进行查看和学习。

（二）注重技术支持交互

随着技术的变革，教育教学的交互也在技术的支持下逐步智能化。智慧课堂的教学模式与智慧教育教学环境交互融合，构建了关注学生个性化发展、以培养学生智慧为目标的课堂。在技术的动态发展过程中，各种新型智能软件嵌入交互型智慧课堂教学模式，给教师和学生带来了便利，也使交互更为有效。例如，可在智慧课堂云平台建立师生、生生、师师与环境之间的交互，教师在虚拟现实、人工智能等技术的支持下，根据教学内容创设教学情境，使学生身临其境地感受真实问题，进而思考解决方法。在解决问题的过程中，教师还可向学生推送相关资源，补充课外学习知识。在建立的师生、生生互动学习共同体中，学生可根据任务讨论、发表自己的观点，通过分析其他学生的看法来完善自身认识，逐渐提升自身的学习能力。学生之间相互学习、相互交流思维看法，对创新思维的提升有很大帮助。

（三）注重评价多元化

智慧课堂的教学评价涉及智能化信息数据的产生，因此这些教学评价是多元混合的。教师可通过大数据、学习分析技术等信息技术手段实时收集学生学习过程的数据，通过总结分析实现精准评价，在后续教学中作出科学决策。智慧课堂的教学评价区别于传统教学评价的主要特点是在技术支持下采集学生学习数据的方便性，通过采集深层交互数据分析评价学生学习情况。但在此过程中，要保证学生与学习环境的充分交互，这就需要教师在教学设计过程中针对学生学习情况提供学习资源，增强学生和资源的交互。智慧课堂的教学评价可从知识学习与思维发展方面进行，通过收集多次测验的数据进行对比评价，掌握学生思维的变化，以便对其进行后续指导提升。

智慧教育在信息技术环境支持下广受教育教学人士关注。智慧课堂是学生由“知识人”到“智慧人”转变的重要阵地。智慧课堂教学模式使教师与学生不再局限于技术、环境及自身认识，教师可根据教学模式实现精准教学，学生在教师的指导与技术的支持下实现思维延展及智慧提升，为教育教学带来新的面貌。

第三节　智慧课堂的教学过程

一、课前阶段——以学情分析为重点

（一）学情分析

学情分析是教师进行教学设计的出发点，同时也是进行教学设计至关重要的一个环节。基于智慧课堂的教学模式改进了传统教学过程中教师依据以往的教学经验和对学生直观的判断来对学生进行测评的方式，采用大数据、数据分析等技术，通过对与学生学习有关的数据进行统计，更深入严谨地对学生当前的学习情况进行分析。基于智慧课堂的教学可以通过对学生预习情况、历史成绩以及学生的交流讨论等数据进行分析，了解学生当前的知识水平和学习情况，实现以学定教。

（二）教学设计

教师根据当前教学内容的特征、课程标准的要求以及智慧平台对学生的学情反馈等多方面信息进行教学设计，在设计的过程中通过分析对学生预习进行检测得到的数据可以对学生的学习情况进行初步把握，进而对本节课的教学目标、教学内容以及教学策略等各要素进行设计，以便设计出适合学生当前实际学习情况的教学方案。进行教学设计时要体现“以学生为主”的思想，合理结合智慧课堂高效利用环境与资源，从而提高学生在学习过程中的积极性，进而达到促进学生学习的目的。

基于智慧课堂的教学设计比传统课堂教学更注重对学生学情的分析、对教师教学目标与学生学习目标的预设、对教学资源的选择与设计、对教学方法的安排与设计。在基于智慧课堂的教学中，教师可以更科学地掌握学生的学习情况，从而合理地进行教学设计，这是智慧课堂教学相比于传统课堂的优势。基于对学生学情的分析，教师能够更有计划地设计教学目标与学习目标，并且采用更适合学生学情的教学资源，合理安排检测题目的难度以及学生学习资源的类型与难度，从而将学生的学习目标与学习资源安排在学生学习的“最近发展区”，以便让学生获取学习的动力并且按照目标进一步完善自己。

二、课中阶段——以实时反馈为关键

（一）课题导入

相较于传统课堂，智慧课堂为学生和教师提供了更便利的教学环境，课题导入的方式也更加多样，如借助动画、视频等资源创设情境或者通过对预习题的反馈与讲解进行课程导入。智慧课堂教学对学生的自主性和积极性提出了更高的要求，因此课题导入在智慧课堂中的地位比传统课堂中更加重要，教师需要在课题导入时激起学生的求知欲与好奇心，从而促使学生更主动地投入接下来的学习。

（二）组织学习

在组织学习过程中，教师要以学生为主，作为学生学习的引导者去调动学生的积极性，让学生自己主动参与到学习活动中，而不是单一给学生灌输知识。在智慧课堂下，教师要有意识地改变学生痛苦地学习的状态，要让学生在信息技术的支持下主动地学习、愉悦地学习，让学生在轻松的学习环境中学会思考与创造，进而促进学生创造性思维的发展。教师需要利用智慧课堂给教学提供的有利条件和学习资源，去探寻适合学生学习的教学策略以促进学生学习。在智慧课堂教学下，教师可以尝试更多的教学方式，如引导式教学、探究式教学、启发式教学以及混合式教学等。在智慧课堂的教学环境中，教师可以根据学生实际情况和教学内容的特点采用传统课堂无法实现的混合式教学，通过线上和线下相结合、微课和教师口头讲解相补充的方式引导学生更高效地学习，从而促进学生达到更好的学习效果。

在组织学习过程中，学生可以采用多种学习方式，教师为学生提供相关的微课并调动学生积极性使之进行自主学习、协作学习以及探究学习等，让学生在发现问题和解决问题的过程中主动发现知识并获取知识，同时在交流和沟通中提高沟通能力和表达能力。在学生的知识水平达到一定高度时，教师可以组织学生进行问题式学习、项目式学习以及创客教育等，从而帮助学生将所学所知转化为实践能力，进而培养学生的创造、思维等能力，以便达到智慧课堂的教学目标——培养智慧型人才。

另外，教师要教授学生观察、分析、提出问题及解决问题的方法和技能；结合问题探究或重点习题，指导学生观察问题、分析问题的思维方法和逻辑程序，培养学生深思熟虑的学习品质；指导学生善于从个别到一般、从具体到抽象进行思考，从一个个具体问题的分析中归纳出问题的本质和规律性的内容；指导学生学习本学科的方法，以及归纳、综合、联想、想象等基本思维方法，引领学生综合应用所学知识，多角度、多层面思考问题，特别是教师在分析例题、评价练习时，不能就事论事，必须指导学生悟出一些道理和方法，并通过一题多变、一题多解、一材多用等形式引导学生举一反三、迁移发散。

在课堂上，教师要激励学生敢想敢说，敢于发现问题、提出问题，在思考问题中归纳出知识。分析问题固然重要，但在学习过程中进一步提出新的问题更有意义。必须改变只是教师问、学生答，只重视“学答”不注意“学问”的局面，把激励学生提问作为课堂教学的一个重要环节认真落实；要给学生质疑的时间和契机，可以让学生举手提问和发表不同意见，也可以让学生以递交小纸条的形式向教师提问；要让学生养成敢于发表意见、善于质疑的学习习惯。

（三）课中检测

利用智慧学习平台对学生进行课中检测，在完成检测习题后学生得到即时的学习反馈。学习反馈包括正误、解析、错因、知识点漏洞等内容，帮助学生对知识内容有针对性地进行巩固和加强，从而实现高效学习。

教师要引领学生及时总结反思。及时总结反思是提高教师教学效率和学生学习效率的一个重要措施，也是发展学生智慧的一个重要策略。无论是新授课、复习课还是练习评析课，都必须留有一定的时间让学生对学习活动进行总结反思，梳理所学知识，回顾探究的问题，以及时巩固、消化有意义的知识和方法，及时发现存在的问题和困难。

（四）总结提升

教师通过智慧学习平台获取学生检测的情况反馈，从而根据检测所反馈的数据，针对大部分学生薄弱的知识环节进行精讲和补充，进一步突出重点，以帮助学生对知识进行意义建构，深入理解知识。

另外，教师要营造严格而活泼的课堂氛围。教学活动中必须善于激发学生主动参与、积极思考的学习兴趣，引领学生始终保持一种积极投入的精神状态。教师必须营造民主、开放、和谐的学习氛围，给学生说话的机会，耐心听取学生的意见和建议，激励学生勇于提出尖锐问题、发表不同见解，可以让学生自己选择学习方式，允许他们自主选择独立思考、同桌议论或者小组讨论等参与方式。

三、课后阶段——以个性化推荐为主

（一）课后作业

课后作业分为两个板块，一是对本节课知识的巩固与加强作业，二是对下一节课讲授知识的预习作业。在平台功能与相关学习资源支持的情况下，教师针对每个学生在课中检测得到的结果进行个性化作业推送，即对于学生犯错误的知识内容提供有针对性的习题，帮助学生填补知识漏洞，巩固深化知识。关于预习作业，教师通过微课布置相应的教材预览任务来达到让学生预习的目的，并要求学生在一定时间内完成预习检测题，以便教师对下节课进行教学设计时可以先通过学生现有知识水平和预习情况获取学生学情，从而设计更符合学生学情的教学设计。

教师要精心设计和布置课后作业。课后作业练习要少而精，使学生有时间认真完成、有兴趣深入思考。必须增强作业练习的针对性、系统性，使之紧扣教学目标，并与课前预习、课堂练习相衔接、相协调；增强作业练习的探究性、实践性，把巩固训练与生活观察、问题探究、实践操作结合起来；增强作业练习的层次性、选择性，设计一些供学生自主选择的作业，满足不同学业水平学生的需求。

另外，教师要改进批改与评价方式。教师对作业练习要研究性地批改，要善于发现学生练习中的积极因素，深入研究学生出现差错的原因，不仅要批阅练习的对与错，还要积极关注学生作业练习的态度和规范。通过写评语、画提示符号等方式给予中肯的评价，提出明确的要求，予以具体的指导，指导学生对自己的作业进行总结反思，要求学生一周或一个阶段内对自己的作业练习进行总结反思、分析评价，总结收获和进步，发现问题和不足，自觉寻求改进的对策和方法。

教师应使作业练习成为学生与教师对话交流、向教师质疑的平台。教师可以激励和指导学生在作业练习上总结得失，简要书写学习感受，让学生大胆提出疑问，向老师请教，对老师的课堂教学和布置的作业提出建议。同时，教师可以在作业练习上简洁凝练地对学生的学习作点评、提建议，为学生释疑解惑等。

（二）反思评价

教师在进行反思评价时要考虑整个教学环节，从课前的学情分析到课中的组织学习以及课后的作业安排等，从头到尾、从大到小都要考虑到，这样才能找到教学过程中存在的漏洞，以便完善后续的教学，从而更高效地教学。在反思评价的过程中，教师不仅要对自身教学安排及教学过程等各个环节进行反思，也要对学生的行为活动、学习效果等进行反思总结，通过多角度的反思评价，有效提升自己的专业能力，提升学生的学习效果，达到真正的教师与学生共同成长。

智慧课堂教学的反思要考虑整个教学环节。教师需要考虑预习检测题的难度和知识点的分布是否合理；反思在进行教学设计时是否根据学生的学情采用了适合的教学方式，组织学习的环节时学生的学习活动是否达到了教学设计的预设目标，课中检测环节对检测时间的安排是否恰当，学生是否都在规定的时间内完成了学习任务；总结提升环节是否将重难点知识讲解到位，是否解决了大部分学生的疑难困惑以及课后作业的布置是否合理。

第四节　智慧课堂的教学评价

一、智慧课堂教学评价新理念

（一）评价观念的转变

1.从评价教学质量向促进教师成长发展转变

教师的专业化发展是指在不断发展的环境中，教师不断树立并完善正确的人才观、课程观、发展观，以及教师的专业素质与能力不断发展和成熟的过程。智慧课堂评价观念体现了对教师主体或学生主体的人文关怀，在课程的目标、结构、标准、管理、教学过程、评价体系等方面的改革策略都体现了对教师和学生的关注与尊重，所以教育要关注人的发展，坚持以人为本的教育理念。智慧课堂教学评价的目的主要是帮助教师提高教学水平，而现行的教学评价突出表现在鉴定功能上，停留在根据评价结果划分等级、区分优劣的层面上，甚至还给教师的教学水平及教学质量进行排名。这样的评价观念在一定程度上给教师造成了精神压力，使教师不敢大胆发挥自己的积极性，不敢在教学中有过多自我能力的展示，这样容易培养出千篇一律型的教师，他们只为教学而教学，不利于教师的专业化成长和发展。

2.从只重评教向评教评学并重转变

教学是教师和学生在教育目的的要求下，以知识的教授为基础，有计划、有步骤地掌握科学文化知识，培养审美情趣，发展智力、体力，塑造品德，健全人格，实现全面发展而不乏个性的交互活动。传统的课堂教学评价“以教评教”，把评价重点放在教师的教上，对一堂课的评价主要局限在教师的角度，过分注重教学目标、教学内容、教学设计、教学过程、教学手段、教学方法、教师语言、板书、教师教态等，忽略了学生在课堂教学活动中的表现。智慧课堂的教学评价不仅要关注教师，更要关注学生，衡量一节课成功与否不仅要关注教师教得好不好，还要关注学生的学习状态，关注学生的认知、情感、思维等。因为课堂教学是“双边活动”，所以把教和学两个方面结合起来，才能使评价更全面、更客观。

3. 树立发展性评价理念

传统的课堂教学评价过分强调评价的甄别与选拔功能，忽视改进与教育功能，只重视结果性的评价，而忽视过程性的评价，片面地追求数量化和形式化，而忽视课堂教学评价的质量和内涵等。针对我国目前课堂教学评价中所存在的问题，新的智慧课堂评价观提出了发展性课堂教学评价的理念。发展性课堂教学评价理念是当前课程评价研究领域中的最新理念。发展性评价要求关注评价的激励、导向和发展功能，关注学生综合素养和个体差异，发现并发展学生各个方面的潜能，宽容每一个学生，把每一个学生当作个性鲜明的个体看待，尊重学生的差异，了解学生在学习中的发展需要，帮助学生建立自信、树立信心、认识自我，全面提升学生的素养，注重学生知识与技能、过程与方法以及情感态度与价值观等方面的形成和发展。

（二）评价主体的多元化

评价主体是指参与教育评价活动并按照一定的标准对评价客体进行价值判断的个人或团体。评价主体多元化是指除了教师可以参与评价活动外，学生群体和个体、学生家长、学校管理人员、教育决策机构、专职的评价机构以及学校以外的其他各个社会阶层有关人员都可以参与到评价活动中。在智慧课堂上，课堂教学评价的主体不再只是教师，学生可以自我评价和相互评价，学生家长也可以通过各种方式积极地参与到评价活动中。在开展教学评价活动时，多种评价体系相互交流，多种反馈信息相互融合，多种评价主体共同参与，丰富评价的主体和客体，评价才能更全面、更客观。根据我国课堂教学活动的特点，以下四种评价方式占主导地位。

1. 同行评价

同行评价一般包括专家评价、学校领导评价、一般教师评价，它是形成性评价和总结性评价的结合。同行评价需要评价者经常听课，并对通过课堂观察收集到的信息进行分析和反馈，根据所得的结论对教师进行长期的观察和监督，这样的评价是一个动态性、客观性的过程，具有很强的权威性和有效性。同行评价的主要目的在于提升师资质量，促进教师队伍的专业发展。同行评价是以教学实践为评价资源，贯穿在整个教学过程中，评价的内容辐射范围广，评价的形式灵活、多样，非常适合教学的现实状况；专家评价主要是从专业的角度，站在教学专业化高度上对课堂教学进行评价，具有专业性；学校领导评价一般而言是结合本校的实际状况和具体教学任务及教学目标进行评价，具有宏观性；一般教师评价主要是从自身感受和个人教学经验出发，具有微观性。当然，教学专家里也有很多一线教师，他们具有扎实的教学理论基础和教学实践经验，对课堂教学评价的经验也很丰富。

2. 学生评价

学生评价主要包括三种类型：学生的自我评价、学生对教师的评价、学生之间的相互评价。学生是学习的主体，课堂中应充分让学生对自己的学习行为进行自我评价。学生的自我评价可以使学生对自己的学习目标达成情况进行反思，明确自己在课堂教学活动中的责任，针对自己在课堂上的表现进行自我调节，培养学生的自我反思意识和能力。学生之间的相互评价有利于学生全面分析和了解学习中的优点和不足，通过集体或他人的评价、交流和启发，相互学习、取长补短，增加学生的学习信心，激发学生的学习内驱力，有利于培养学生正确对待他人意见、实事求是的科学态度，更好地激发学生学习的动力。

教师教学的直接对象是学生，学生的感悟和意见是对教师最直接、最有针对性的评价。通过一堂课能看到学生的发展过程是从不会到会、从不懂到懂、从陌生到熟悉、从排斥到喜欢，那么这就是一堂好课，因而学生的发展是课堂教学成功的重要体现。教师课堂教学成功与否，学生作为最直接的当事者是最有资格评价的。学生会从教师的敬业程度、教学投入、为人师表、教材选用、内容组织及信息量、讲课效果、教学方法、利用现代化教学辅助手段等方面进行打分评估，从而使教师获得最直接的建议和评价。教师要敢于面对来自学生的评价，对于学生提出的意见尤其要仔细斟酌、考虑周全，才能促进教师课堂教学能力的全面提高，同时也有利于营造良好的课堂氛围，建立民主、平等、和谐的师生关系。

3. 教师自我评价

课堂教学评价中教师自我评价是教师对自己最真实的自我剖析和反思过程。在各种评价中，不管是领导评价还是同行教师评价，都需要教师把这些评价意见内化到自我意识中，这样才能发挥评价的作用。对于课堂教学中教师的自我评价最主要的体现方式是课堂反思，这个环节是教师对自己课堂教学的回顾和总结，是教师对自己的教材处理、教学艺术、教学手段、教学方法、教学效果等进行反思，从而不断完善自我、提高自我的过程，这也是实现有效性教学的重要手段。批评和自我批评是获取较大进步最直接的方法，这也可以体现在教学评价中。他人的评价角度多是站在客观的立场上的，自己的反思和评价是从主观意识出发，二者相结合可以让评价更完整。教与学是一个问题的两个方面，教师的自我评价促进教师主体意识的形成。备好课、上好课是每个教师都有的心理期望，所以从教师的角度来看，教师对自我教学工作的检查和诊断是教师对教学准备和教学活动实施过程最有效的自我反思手段，也是成功教学的心理机制。这个过程有利于教师对自己的成绩作出肯定，也有利于教师找到自己的问题和不足，并提出改进策略，从而促使教学活动能够更顺利地开展。

4. 家长评价

学生要获得全面发展，教学就要遵循课内外结合的原则。学生课内的表现主要是教师评价，课外的延伸主要是家长评价。相对而言，学生和家长接触的时间长，拥有共同的活动空间，家长和教师的沟通能够使教师更全面地了解学生，家长的评价也能使评价更客观、更全面。同时，家长参与教学评价还可以以第三者的身份完善对教师的评价。在新型教学评价体系中，家长评价具有重要的实践作用，因为家长评价在视角上具有独特性，其作用也是不可替代的，所以教学评价迫切地需要家长的参与。针对课堂教学的评价，家长评价主要通过两个方面实现：一是根据学生的学习和发展情况对学生的接受效果和教师的教学效果作出评估；二是家长直接参与到课堂教学活动中，以旁观者的身份对课堂教学活动作出评价。

（三）评价方式的多元化

1. 测验法

测验法是根据评价对象，运用教育测量的理论和方法编制高质量的量表，并施测于评价对象，以获取评价信息的一种方法。课堂教学评价采用的测验法主要是课堂测验和考试。虽然有些人对这种评价方式持批判态度，但并不是因为这种方式本身有问题，而是因为在实际操作过程中过分夸大测试和考试的评价作用，甚至把测试和考试作为唯一的评价方式。测试和考试，在过去和现在都是课堂教学评价的重要方法。这种方法适宜对学生的一些低级认知能力和陈述性知识进行评价，不适宜对程序性知识和学生高阶思维能力、价值观等方面进行评价。要采用这种方法就要扬长避短，发挥测试和考试的作用，根据学生的测试成绩和考试结果分析学生的学习状况和知识认知情况，并及时向学生反馈他们在学习中存在的问题，指导学生改进学习。教师也要及时自我反思，改进教学，要避免根据测试或考试的分数给学生排名次、分等级。

2. 观察法

观察法是获取课堂教学信息的重要途径，也是课堂教学评价的主要方法。采用这个方法时，评价者首先要做好听课之前的准备工作，一方面要和被评价者做好事先沟通，使被评价者减少心理焦虑，减少人为的表演成分，尽可能保持最自然的教学状态；另一方面，评价者在听课之前要对教学内容、教学目标等进行了解，明确听课的重点和方向。其次，评价者在听课的同时要进行课堂观察，观察的过程既要全面，又要有重点。全面主要是评价者要保持高度的敏感性，观察每一个细节，不放过任何一个行为；重点主要是指评价者要根据事先对教学内容、教学目标等情况进行了解后确定观察重点，有利于评价者有针对性地观察。这就要求评价者要有熟练的观察技能和丰富的观察经验。最后是听课记录。评价者在听课的过程中对收集到的信息和资料要及时记录下来，以便分析研究。在听课结束之后，评价者还可以对学生或教师做简单、快速的调查。

3. 量表评价法

量表评价法是指根据设计的等级评价量表对被评价者进行评价的方法，评价者通过编制评价量表把课堂教学活动行为表现变成具体的、行为化的、可观察或可测量的评价内容，对课堂教学进行评价。在课堂教学评价中使用量表评价法时，量表中的各项指标可用具体的分值量化出评分标准，评价者可根据每项评价指标的分值对被评价者的行为表现打出相应的分值，最后把各项分值相加得出总的分值，给被评价者一个总体性的评价。这种评价比较全面、客观，但是由于量表设计的好坏直接影响着评价的效度，因此对量表设计和评价者的专业能力要求比较高。

4. 问卷调查法

问卷调查法就是通过发放问卷的方式收集信息，并对调查结果进行评价和分析。这种方法也是课堂教学评价中比较常用的方法，可以根据评价的意向制作出问卷，把问题罗列在纸上，让教师、学生根据他们对课堂教学活动过程的主观体会和印象来作答。可以针对不同的评价主体制作不同的课堂教学评价问卷。对于学生评价的问卷可以涉及对教师行为的评价、对教师的建议、学生自身的感受反馈等；对于教师评价的问卷可以是教师的自我反思，包括对教学内容的熟悉程度，对教学目标的把握情况，对学生学习方式的培养，对自我教学能力的反思等。要把问卷调查法用于课堂教学评价，就要注意它的及时性，应该在课堂教学结束后立即发放问卷做调查。问卷调查可以不受时间和空间的限制，可以在短时间内获得较多的信息资料，但是问卷的制作和分析会影响评价的信度和效度。

5. 档案袋法

档案袋法是收集被评价者在一段时期内各种能力的数据，将这些数据建立成一个连贯的档案，根据档案进行评价的评价方法。这种方法可以用来评价学生的学习，也可以评价教师的教学，所以它也是课堂教学评价研究里一个比较新颖的领域。建立档案袋是一个有目的、有计划、有组织地收集个人知识、技能、兴趣、思想、成就等多方面数据的过程。档案袋法需要连续实施，所以这种方法比较耗时费力，但是这种方法收集评价信息的范围比较广，持续时间比较长，可以使评价更加全面、更加客观。在课堂教学评价方面采用这种方法，可以针对学生在每一堂课上的课堂发言、课堂表现、课堂测验、自我评价等建立一份档案资料，也可以针对教师在每一堂课上的表现、教师评价、学生评价、自我反思等建立一份档案资料。一个单元学习结束或一个学期结束时把学生和教师的这些档案资料整理出来作出整体性评价，对学生和教师的进步和不足分别作出分析，然后提出调整和改进的意见。档案袋法是一种发展性的评价方法，比较关注个体的发展，但是由于资料收集费时费力，给教师带来的任务比较繁重，收集的资料形式和内容多种多样，缺乏评价的标准，材料之间缺少可比性，所以评价的信度较低。

6.网络评课法

随着时代的发展和进步，互联网技术越来越多地运用到各个方面，甚至成为大家日常生活和学习中不可缺少的工具。互联网技术的发展也深刻地改变着传统的学习方式和教学模式。与此同时，我们也开始在这个领域里研究课堂教学评价。如何利用网络提高课堂教学评价的效能，如何利用网络丰富课堂教学评价的方式和方法，是课堂教学评价改革和发展中不可忽视的问题。目前常见的是在网络上公开课堂教学实录，这种形式提供了一个社会评课的平台，可以让更多的人通过网络参与到课堂教学评价中。很多学校也开展了网络问卷调查，建立了网上教师评价系统，增加了评价的渠道。但是网络的巨大作用仍未充分发挥，这需要主管部门、社会、学校、个人的共同参与。

每一种评价方法都有优点和缺点，建立多元化的课堂教学评价体系，采用多元化的评价方式评价课堂教学，是为了更全面、更公正、更有效地评价课堂教学。所以在课堂教学评价时，要多种方式相结合，发挥每一种评价方式的优点，使各种方式相互弥补，这样才能提高课堂教学评价的信度和效度，从而更有效地促进课堂教学的改革和发展。

（四）评价标准的多元化

1.关注学习主体的发展需要

教学要真正体现“以学生为主体、以学生发展为根本”的理念，就必须重视学生的发展需要，并把学生的发展需要体现在课堂教学中，以学生的“学”来评价教师的“教”，那么，对课堂教学的评价就要以学生的发展状态作为评价的参照标准。

随着素质教育的全面推进，学生是学习的主体已经成为课堂教学的指导思想，体现学生的主体性、关注学生发展需要是一堂好课的重要标志。作为教师要教给学生的不仅是陈述性的知识，更重要的是要教给学生程序性的知识，要让学生学会如何去学。评价一堂课是否高效要看学生在课堂上有没有学到知识，是否锻炼了能力，有没有良好的、积极的情感体验，有没有强烈的学习动机，在各个方面是否都有收获，不同程度的学生是不是都有所进步。所以，教师的任务不仅是讲到了、讲明白了、讲深刻了，还要看学生学没学会，有没有生成性，能不能举一反三，是否能灵活运用，是否能提出新问题、解决新问题。教师要把学生从课堂上的听众变成课堂上的主角，让学生自己去发现、去探究、去创造。教师永远只是课堂教学的引导者和组织者，要注重培养学生的学习兴趣，调动学生的学习积极性，带领学生在课堂上读书欣赏、讨论交流、尝试质疑、探索发现，全身心地参与课堂、融入课堂，在课堂上动起来，真正成为课堂教学活动的主角。学习主体得到发展才能实现教育的最终价值，这也是智慧课堂追求的最高价值。

2. 良好的课堂氛围与民主和谐的师生关系

要想达到理想的课堂教学效果，师生在教学活动中的情感应该是和谐而愉悦的。良好的课堂氛围是达到理想的课堂教学效果的重要前提，因为课堂氛围是教学活动进行过程中一种群体的心理状态，这种心理状态是教师和学生对待教学活动的态度、行为、心境和情感体验的综合反映。在良好的课堂氛围中，教师和学生都处于积极兴奋的状态，教学秩序良好，学生注意力集中、积极发言、思维敏捷，师生配合默契，双方都严谨而不紧张、宽松而不涣散。要想达到理想的课堂教学效果，需要建构民主、平等的师生关系。教师要给予学生热爱、尊重、信任和理解，在课堂上多引导、多鼓励，发挥教师的主导作用，体现学生的主体地位。教师和学生在认知、情感、道德、思想等各个方面进行广泛、深入的交流，并产生共鸣，形成和谐的学习氛围，最终促进学生的全面发展，这些是新课程改革下构建师生关系的基本任务。另外，是否达到理想的课堂教学效果，最重要的衡量标准之一是教学目标的达成状态，因为教师的一切劳动和付出都是为了让学生全面发展。综上所述，教师和学生在良好的课堂氛围和民主平等的教学情境中，通过互动、交流、沟通高效地实现教学目的就是我们所追求的理想的课堂教学效果。

二、智慧课堂的教学评价要求

（一）教师应具备的智慧教学能力

教师应具备的智慧教学能力可从教学材料的准备和课程设计、课程实施、课程评价几个方面加强。

首先，教师准备教学材料时要根据人才培养方案制定教学大纲和开课说明。教师智慧教学能力的最好体现是准备一份能体现学生知识、技能、态度的标准。教师要在学情分析的基础上，根据教学大纲和开课说明进行课程设计，依据课程设计、教学内容合理安排教学进度。

其次，在课程实施过程中，教师按照以学生为中心的反向设计方法，将每次课都划分为课前、课中、课后三个阶段，每个阶段都有对态度点、关键技能点、知识点的反向测评标准。每次课程都有效运用学习通、超星尔雅、雨课堂、钉钉等智慧教学手段进行有效的课程实施。课前阶段，教师可在学习通中将任务单以预习作业形式下发，学生在学习通中通过对教学视频、工具书等材料的学习，上传作品，教师在学习通中批阅并记录作品中的典型错误；课中阶段，教师教学时，明确本次课程目标及时间和任务分配，课前任务完成组在课堂上分享讲解，教师对典型错误点评并讲解相关重点、难点，课前任务未完成的组继续闯关；课后阶段，教师指定任务完成速度较快且任务完成质量高的团队担任助教，让他们通过学习通和 QQ 群辅导未完成任务的学生，同时，教师找出未完成任务团队的主要原因，在线进行有针对性的指导。

最后，课程评价既包括课程计划本身，也包括参与课程实施的教师、学生、学校，以及课程活动的结果，即学生和教师的发展。课堂氛围的营造在课程评价过程中非常重要。俗话说：“亲其师，方能信其道。”教师不仅要有渊博的知识，还需要有能够在课堂上营造宽松和谐学习氛围的能力，以及能够设置出合理且可执行的评价方式，让学生学有所获、学有所得，关注学生的学习效果。如实践性较强的课程，在技能点考核上教师要对学生提高要求，例如，将考核标准设置为一门课中学年教学目标的各项关键技能都通过为及格，否则为不及格，返回重修，最后完成真实项目任务，达成学年实践教学目标分才算成功。

（二）学生应具备的智慧学习能力

学生智慧学习能力的培养与提高要结合学生和课程实际进行。教师应以让学生积极主动学习为初衷，挖掘学生的优点和习惯，让学生参与学习项目的实施和课程评价。学生的学习能力可在项目学习和实施中得以提高。课前，学生通过学习通完成知识点的课前测试，通过学习通后台数据分析结果了解知识点的预习情况；课中，教师重点讲解从课前预习作品中提炼出的典型问题及本节课的重点、难点，同时结合与本次课程知识点相关的故事进行课程思政教学，之后学生要及时完善作品并提交；课后，学生通过学习通完成知识点的课后巩固和测试，通过学习通后台数据分析结果发现知识点的掌握情况，记录典型错误并在后续项目中强化。

学生的智慧学习能力能够通过课上重点、难点学习，课前典型错误的解析和课下的巩固得到提升，能及时验证知识的应用效果。学生在智慧学习过程中能深度理解每个知识点，同时将新、旧知识进行有效关联并进行自我反思和评价，学生学习后有一定的成就感。这些都需要学生积极主动地参与到智慧课堂中，同时把握好自己的学习进度和有效选择学习路径。

（三）选择与利用教学资源、媒介

在智慧教学过程中，选择与利用优质的教学资源与媒介十分关键。选择优质的教学资源与媒介能帮助学生建构知识、能力体系，同时让学生根据自身的学习需求自主选择学习内容，如超星尔雅、雨课堂。智慧教学平台是教学媒介和教学内容的结合体，核心内容是教学视频或教学案例，同时还包含统计、素材、课件、讨论、测试及学生反馈、教师点评等辅助性教学资源。选择有效的智慧教学平台能提高工作效率、提高管理效率、提高决策效率、提高信息利用率、提高核心竞争力，满足教学、科研和管理工作的需要。

三、智慧课堂的教学评价方式

（一）智慧课堂数据信息的采集分析

在智慧课堂上，整个教学过程会在时间序列上动态地生成数据，这些数据的采集与分析是智慧课堂研究的关键问题。智慧课堂中产生的动态生成性数据不仅有常规的结构化数据，还包括大量的非结构化数据，如图片评价、视频分析、教案分析、随堂练习、作品展示、音频采集、软件应用等，这些都是需要采集和分析的科学数据。上述非结构化的教学信息一般都带有很强的主观形态，并且呈现出多源异构、非完整、关联性强等形态特征，增强了信息采集和分析的复杂程度。因此，仅采用课堂观察的方式对课堂进行评价是不完整的，传统的方法很难对这类信息进行有效采集和存储。可见，建立统一的采集规范与存储机制去获取和保存此类数据，运用科学合理的教育指标来分析数据，是智慧课堂评价十分需要的技术和方法。

1.课前数据采集分析：精准判断学情

智慧课堂教学模式的课前准备工作主要是运用数据诊断对不同课型进行教学预设，即教师通过在线学习平台回收学生课前作业和测评的反馈，对学生已有知识水平进行诊断，纠正和优化教学设计方案，从而为学生提供一个更优质的课堂体验，以达到培养学生高阶思维的教学目的。智慧课堂的课前准备工作主旨为分析学情、纠正教学，如果教师将测评学生对预习内容的掌握情况的结果作为其成绩的一部分，缺少对课堂教学设计的反思，则不仅没有达到智慧课堂中课前反馈数据收集和分析的目的，还会加重学生的学习负担，难以实现教学的改革和发展。所以，由传统课堂转向智慧课堂需要学生的适应和配合，让学生做出转变也是教师的挑战之一。

2.课中数据采集使用：评价课堂质量

智慧课堂会产生大量动态数据信息，一般会将多种信息采集技术融合使用，产生动态数据。教师可以使用大屏幕展示移动设备上书写的内容，对教学演示文稿随时进行标注，也可以通过雨课堂、学习通等在线教学平台，为每一位学生生成全周期的数据报告，将学生的课堂学习情况进行量化，通过智慧环境的大数据智能分析，高效判断每一位学生个性化的学习需求和习惯。智慧课堂上学生与教师的互动、学生在智慧设备上的操作都可以通过智慧平台进行统计和反馈，智慧环境高效准确地提供整合的信息，为课堂上教师进一步的讲解指明方向。与此同时，智慧课堂可以将学生的解答情况都收集起来，便于教师选择典型作为案例，供课后使用，即提供了更多的教育资源。

3.课后数据采集分析：补偿教学

教师需在课后进行数据分析，以此来评判本节课是否达到了教学目标、完成了教学任务。课后分析的数据包括家庭作业、调查问卷、访谈记录、自我报告、现场或视频打分等。观察和分析数据的角度是多维度的，可以通过对学生的主观评价和客观回答的数据进行分析，对以经验为主导的质性研究和基于量表的观察评价数据进行分析，甚至可以通过对视音频数据进行智能分析，得到多个角度的评价数据。这些数据的处理对教师改进课堂教学质量、改进互动方式和教学方式都十分重要。教师通过对这些数据的分析和反思，找出学生学习中存在的问题，从而及时调整教学策略和方法，系统性优化课程改革，为学生查漏补缺，这是课后评价的意义所在。

（二）智慧课堂的评价维度

智慧课堂上产生的教育数据不仅指学生在学习过程中产生的数据，如学生的学习行为、学习活动、学习进程等，还包括学生与智慧环境的交互数据，以及教师在教学活动过程中产生的动态数据和教学资源在智慧环境中的变化等。基于此，智慧课堂评价维度的主要观察指标有以下几个方面。

1. 学生学习是否积极主动

学生是学习的主体，学生的积极主动表现在以下四个层次：积极主动完成课前学习任务，课堂上积极主动回答教师的提问，主动探索、质疑课堂内容，积极主动与同伴进行讨论协作。在智慧课堂中，教师要激发学生积极主动地开展探究式学习。

2. 教师是否具有智慧教学能力

智慧课堂除了对教师的教学能力有所要求外，还要求教师具有智慧教学意识，具有对教学资源的获取、设计和分享的能力，以及在课堂上对学生的学习进度的控制能力和对学生个性化学习的指导能力。

3. 课程性质是否开放创新

智慧课堂强调智慧环境与教学活动的整合应用，相比技术支持讲授型课堂，智慧课堂更提倡技术支持学习型教学，侧重于学生的学，以创新性、开放性课堂活动引导学生。

智慧课堂的评价应将质性研究与量化分析相融合，这两种性质不同的研究取向，从不同层面和不同方向来完成对课堂的评价。对于课堂评价的量化分析，目前比较成熟且常用的方法有以下四种。

（1）弗兰德斯互动分析系统（简称 FIAS）。

弗兰德斯（Ned Flanders）将教师和学生在课堂教学中的互动行为（以语言为主）分为 10 类，其中 7 类是有关教师的，2 类是有关学生的，1 类是教室内可能出现的静止状态（安静或混乱）。弗兰德斯的大量研究表明，教师在课堂教学中与学生的互动行为，对学生的学习态度和学习效果均有重大影响。但由于 FIAS 对课堂沉寂情况的分析展现出的编码系统不够完善，且缺少信息技术对课堂支持情况分析的功能，所以改进了弗兰德斯编码系统，将原来的 10 个编码行为修改为 14 个编码行为。

（2）词频分析法。

词频分析法用于对以语言为主要方式进行的教学。这种方法通过将教学中的语言记录变换成代码数字数据，在此基础上实现教学过程中的数据处理。在进行记录时，应先对教师、学生发言中的各种频词进行分类，分类的方法视分析的目标和要求而定。

（3）时间序列分析法。

时间序列分析法是将课堂活动以图像的形式呈现出来，其以时间轴为横轴，以行为类别为纵轴。教学分析时，还可在这种部分组合序列的基础上构成分析序列，由此实现复杂教学系统的教学分析。

（4）S-T 分析法。

S-T 分析法的重要特点是将教学中的行为仅分为学生（S）行为和教师（T）行为两类，减少了教学过程中行为分类的模糊性，增加了客观性，且能将计划教学与实施教学的结果以图形表示，采用可视化的方法研讨教学。

第三章　智慧课堂的教学模式

第一节　智慧环境下的教学模式

一、智慧环境的优势

在新时代，云计算与大数据技术结合产生的智慧校园成为校园发展的主流。通过网络教学平台，教师可以控制好学习终端，为学生发放学习资料，收集学习信息，与学生通过网络来互动。在课后，学生可以通过平台来完成复习和自学，教师为其提供学习资源包，做好课前引导、课堂指导、课后拓展工作，通过“教”与“学”之间的互动，达到既定教学目标。

二、智慧环境下教学模式的特点

智慧环境是指高科技的数字环境与温馨、安宁、舒适的物理环境相结合，在智慧教学环境中实现人、资源以及环境的相互融合，从而打造开放式、个性化的学习环境。智慧环境下的教学模式应当具备以下特点。

（一）精准分析

智慧环境下的学情分析是基于大数据技术和智能算法实现的，传统的教学模式大多仅能通过测试来了解学生的学习情况。在智慧环境下，教师通过收集学生在学习过程中产生的数据，对其进行科学、合理的分析。在课前了解学生的入门技能、学习风格、认知结构等特征，在课中统计分析学生对知识的掌握程度和理解程度，在课后进行及时评价与个性化学习资源的推送，通过数据的分析实现精准教学、个性化教学。

（二）深层交互

智慧环境下的师生交互不局限于传统课堂的提问、角色扮演、教学游戏等简单交互，可利用交互工具和多种交互方式（如师生交互、人机交互、同伴交互等）形成智慧的交互环境，通过智慧分组等形式组织学生讨论，创设指向学生智慧能力发展的教学活动，以多屏互动、实时分享等方式进行无缝展示和交流，引导学生去发现问题，提高学生解决问题的能力，培养学生的高阶思维能力，实现师生之间、生生之间的深层交互。

（三）沉浸体验

智慧环境下的虚拟现实、增强现实等技术手段使得学生能够身临其境。例如，由虚拟现实系统创设的虚拟历史人物与学生进行交流，有利于给学生愉悦的学习体验；虚拟实验室模拟的危险化学实验，能在保证学生安全的情况下让学生充分认识到安全规范操作的重要性；对于难以用肉眼观测到的小分子世界，虚拟现实技术也可以让学生了解到其内部构造，弥补了传统教学模式学生情感缺失与体验的不足。

（四）实时反馈

由于传统教学模式受到班级规模、上课时间以及教师精力等因素的影响，学生往往不能得到及时的反馈，而及时的反馈对于优化课程结构、提高教学质量有着重要的意义。利用智慧环境下的学习分析，可以通过可视化、个性化辅导等多种方式进行即时反馈评价，从而帮助学生了解学习进度与存在的问题，学生可以通过反馈调节自己的学习状态，达到更好的学习效果。

（五）多元评价

智慧环境下的评价不能只停留在提问练习和考试等简单的评价方式上，应当采用电子档案、量规、可视化图表、虚拟学习社区等方式进行过程性评价和总结性评价，注重学生的思维发展变化过程，肯定学生的进步，对学生的学习情况做出适当的评价。除此之外，教师还可通过显性行为测量和隐性心理测量相结合的方式，对学生的身心素质、学习能力进行多元化、全方位的评价，促进学生智慧能力的生成。

三、智慧环境下的教学模式类型

传统的以教为主的教学模式中，教师占用了课堂的大部分时间，学生没有时间进行创造性思维与能力的训练；而以学为主的教学模式忽略了教师的主导作用，使得学生在某些环节花费了大量时间去探索。这两种教学模式割裂了师生之间的互动关系，不能实现智慧教育，也是对智慧教学环境丰富信息资源、硬件资源的极大浪费。因此，积极探索智慧教育环境下的教学模式对于实现智慧教育是十分必要的，国内众多教师和学者也进行着一系列尝试和探索，并获得了一些成果。通过分析可以发现，当前智慧教学环境下的教学模式大致可分为以下两种类型。

（一）以教为主的教学模式

于颖等提出了智慧型讲授式教学模式，认为智慧教学环境下的教学模式可大致遵循传统的以教为主的教学模式，即创设情境—复习旧知—讲授新知—师生交互—巩固应用—检查评价，但是智慧型讲授式教学模式要求教学目标指向学生的智慧发展，教学活动设计强调引导学生主动发现问题、解决问题，实现学生智慧能力的发展。[①]该教学模式对传统的讲授式教学模式进行了改进，弥补了传统讲授式教学模式对学生智慧能力培养的不足，使学生具备解决问题的高阶思维能力和信息素养。

孙曙辉等提出了基于动态学习数据分析的智慧课堂教学模式，将传统的课前教师备课、学生预习，课中讲授新课、布置作业，课后完成作业、批改作业、评价反馈进行改进，设计了智慧课堂教学环境下的基于动态数据学习分析的教学模式，即课前学情分析、学生预习、课前讨论、教学设计，课中课题导入、展现与分享、新任务下达、合作探究、实施测评、反馈精讲与点评、巩固提升，课后个性化推送、完成作业、批改作业、总结反思。[②]该教学模式利用智慧教学环境下的智能硬件设施、软件系统以及云端学习资源等，将学生的动态学习过程记录下来并即时分析反馈，相比传统以教为主的教学模式，能够更加灵活地掌握学生的学习情况，适应智慧教学环境。

（二）以学为主的教学模式

卞金金等构建了基于智慧课堂的学习模式，在智慧学习环境下，应用资源分层共享、实时内容推送、学习情境采集、智能学习分析、即时反馈评价、协作互动交流和移动通信互联等技术，促进教学模式的变革，教师在课前采集学生数据、推送学习资源，课中创设学习情境、组织互动学习，课后总结反馈评价、推送拓展资源。学生在课前进行自我测验分析、学习写作分享，课中进入

① 于颖，周东岱，钟绍春．从传统讲授式教学模式走向智慧型讲授式教学模式[J]．中国电化教育，2016（12）：134-140．

② 孙曙辉，刘邦奇．基于动态学习数据分析的智慧课堂模式[J]．中国教育信息化，2015（22）：21-24．

学习情境、互动协作学习，课后评价反思、巩固内化、扩展思维空间。① 该教学模式利用大数据算法和系统资源分层共享功能，针对学生反映出来的薄弱点分层推送学习资源，对不同水平的学生进行不同智慧能力、思维能力的培养，实现了因材施教。

胡旺等从个人学习模式和协作学习模式两个方面，设计出智慧型教学模式框架，教学流程为云端存储—智慧推送—提出问题—创设情境—个人学习模式—协作学习模式—反馈评价—课后拓展。② 该模式在情境创设环节提出了新的观点，认为可利用虚拟仿真、全息技术等技术手段让学生身临其境，体验真实的学习场景，导出问题，补充了原有情境创设让学生通过文字描述加以想象的局限性。将个人学习模式分为自主式、探究式和创客式三种，利用智慧教育环境下的技术支持实现不同教学目标，培养不同层次的学生。协作学习中的数据收集、智慧前测、感知需求、智慧分组完善了传统协作学习简单分组的方式，使得分组更加科学、合理、高效，弥补了传统协作学习分组的不足。

四、智慧环境教学模式的功能目标

（一）关注学生个性发展，以创新为目标

在传统教学中以讲授为主，学生的主观能动性发挥不足，也较难充分培养学生的创造能力。这也是大班教学的局限性所在，要实现个性化教学难度较大。实施小班授课，目的就是更多地关注学生的个性发展。基于智慧环境的教学模式充分考虑到学生的个性特征，个性化学习效果的测量、评价与反馈均需以学生个性发展为原则，促进学生创新能力的提升。

（二）学生被赋予表达学习观点和成果的机会

基于智慧环境的教学模式改变了单纯的传统课堂讲授模式，将知识传授和知识内化放在了课前，充分发展了学生自主学习的能力。学生学习后可以参与集体讨论或者将不懂的问题反馈到平台，进一步表达自身的学习观点。在课中，学生可以通过投屏设备将学习观点或者学习成果进行展示并讨论交流，从

① 卞金金，徐福荫．基于智慧课堂的学习模式设计与效果研究［J］．中国电化教育，2016（2）：64-68.

② 胡旺，杨成．基于智慧教室的教学模式设计研究［J］．广东开放大学学报，2015，24（4）：87-92.

而增加了师生之间和生生之间的互动，也增加了学生表达学习观点和成果的机会。

（三）促进信息技术与学科课程的整合

信息技术与学科课程的整合并不是简单地用PPT向学生展示某门学科的课程内容，而是要利用信息技术为学科教学服务，提升学生学习的主观能动性，增强师生之间和生生之间的交流，培养学生的创新能力。基于智慧环境的教学模式是借助先进的科学技术手段打破学习时间地域的限制，更加强调学生学习的主动性，从根本上去改变课堂教学结构，实现信息技术与课程深层次的整合。

五、智慧环境下的精准教学模式

（一）精准教学的内涵

在智慧技术引领的教育领域发生变革后，技术限制的壁垒已经消失，智慧环境下的精准教学是利用智慧教学环境中的各种网络和智能化技术，以智能手段实时记录学生学习过程中的数据，并由系统算法通过数据挖掘分析学生的学习特征、学习风格和偏好、学习路径、学习成果等信息。

首先，精准教学的目的主要是利用先进的智慧技术提高学生的学习效果，规避学业失败的风险，并且通过实时跟踪、记录学生的学习行为及时诊断和分析学生的学习特征、学习风格、学习能力和认知结构，有针对性地给予其个性化指导和帮助，最终达到促进学生发展和学生智慧提升的教育目标。

其次，精准教学服务的对象包括教师和学生。学生在学习过程中受到来自系统和教师的监督与干预，可以按照学生的意愿实现个性化学习，提高学生的学习效率。在智慧环境中，由于广泛收集学生的学习行为数据，再加上有效的数据挖掘，教师不再只凭直觉和经验对学生的学习过程进行干预，提高了指导的准确性和有效性。在此条件下，教师能够更好地反思自己的教学过程，不断改进和优化教学设计和教学方法，以便更好地促进学生的学习。

最后，精准教学的应用也体现了教育公平的理念。教育公平强调对教育资源的合理配置，每个学生都有接触同等教学资源和教学服务的权利，但是忽视学生的个性化特征，反而会产生一种隐性的不公平。因此，通过精准教学针对个体进行精确诊断并自动提供服务，实现按需供给，在一定程度上促进了教育公平。

（二）智慧环境下精准教学模式的实施

智慧环境下精准教学模式的实施包括四个部分：精准确定目标、制订学习计划、组织教学过程和学习诊断评价。

1.精准确定目标

精准确定目标是智慧环境下精准教学活动开展的前提条件。对于精准目标中的短板知识和技能，教师需要使用递归方法，多次循环教学过程，直到学生补足短板知识和技能，再将其从精准目标中删除。通过此方法，实现学生对总体教学目标中知识和技能的掌握。教师在构建精准目标的过程中，应突出重点，简化内容，改善教学方法，多采用任务驱动式教学，提高学生独立思考和解决问题的能力，并根据知识和技能的重要程度合理安排教学时数。

2.制订学习计划

信息化时代下的智慧教育是一个以传授知识为起点，以运用知识生成智慧为终点的新型教育形态。知识存在的意义在于利用知识做什么，即知识的应用。因此，针对短板知识和技能推送的学习内容，应以问题为本位，对内容进行重构，通过问题将知识学习置于真实、复杂、有意义的环境中，提高学生运用知识解决问题的能力。学习材料已经从纸质材料扩展到数字化材料。近几年来，微视频、微课程等资源凭借其目标明确、内容精练、时间短、易传播等特点，广泛应用于教育领域，深受广大师生的喜爱。在上述学习材料的准备过程中，一定要遵循“心动设计”的原则，设计出让学生心动、喜爱的学习材料，使学生能够产生浓厚的学习欲望，从而提高学生的学习兴趣，促使学生完成学习任务。教师可以从情境化、问题化、故事化、可视化等角度入手，利用软件制作交互游戏、虚拟仿真、动画视频等具备“沉浸式”特点的学习材料。另外，开发好的学习材料，应与精准目标中的知识、技能节点相对应，以便在学生学习知识、技能节点时，能够准确推送学习材料。

3.组织教学过程

教学活动设计是精准教学与其他教学方法融合的有效手段，是精准教学得以实施的关键环节。根据美国生物学课程研究开发出的“5E”教学过程模型，可以构建智慧教学环境下的精准教学过程模型：将精准教学兼容的班级、小组、个人和群体四类学习活动方式，根据不同阶段的目标，融入具体的教学过程中，从而提高教学过程的有效性。

（1）任务设计阶段。以问题或任务为线索确定短板知识，通过问题或任务让学生明白需要学习的知识或技能的作用，并给予学生充分的思考时间和空间，让他们通过个人建构或小组建构的方式对知识进行预习。

（2）正式学习阶段。教师提供三种学习方式：一是接受式学习，即教师教授，学生听讲；二是自主式学习，即学生自己直接获取知识；三是发现式学习，即学生在解决问题过程中自我发现、自我归纳、自我创新。学生可以根据自己的实际情况，灵活选择合适的学习方式。

（3）建构反思阶段。该阶段实现对新知识的内化和吸收，学生必须根据自身已有的认知结构对新知识进行解释，并结合他人的观点对知识进行反思和重构，进而获得新知识。

（4）精准测试阶段。该阶段旨在为学生提供将所学知识和技能应用于不同情境的机会。测试环节中需要依托智慧学习空间，为不同类型的学生提供不同难度、不同环境的测试训练任务，从而更精准地了解学生对知识的掌握情况，学生的学习表现将为日后的决策提供数据支持。

（5）拓展阶段。这是引导学生灵活使用知识解决问题的过程，从而最终实现知识应用的教学目的。

（6）提升评价阶段。这是学生在完成以上所有教学活动过程后，对知识和技能进行系统梳理，从而进一步提升知识的掌握程度的过程。此外，提升的途径还包括他人的帮助，如教师对学生做出的评价、学生群体内的评价以及智能教学环境的数据统计与分析评价。在整个精准教学过程中，由智慧学习空间对学生学习过程中的数据和学习结果数据进行实时监控和采集，同时从正确反应频率、错误反应频率和速度三个指标分析并绘制学习变速图，为学习诊断提供数据支持。

4. 学习诊断评价

教学过程中除了完成短板知识和技能的教学之外，教师也获得了学生学习表现的数据，由此可以进行学习诊断和干预。精准教学的学习诊断主要是根据当前学生的学习表现判断学生是否能够顺利完成学习目标。

当学生的学习表现数据表明学生能够完成学习目标时，则继续下一个知识点的教学，否则就根据学习数据诊断中不良表现的部分，快速有效地进行数据分析并采取干预措施。在选择具体干预方式上，针对干预范围，形成“班级—小组—个人”的“干预反应”模型。对于班级性的基础知识学习问题采用班级干预机制，针对群体性的综合应用能力问题采用小组干预机制，对于面向个人特长和知识能力培养的问题则采用个人干预机制。通过精准挖掘和深入分析学生学习表现的数据，可以更加准确地评估学习过程、预测学习结果，促使精准教学由问题精准提升到服务精准的层次。

第二节　基于资源的主题学习

一、基于资源的主题学习的含义

基于资源的主题学习，就是学生围绕一个主题，通过充分发掘和利用各种不同的资源，并遵循科学研究的一般规范和步骤进行的一系列探究活动，其目的是让学生提高解决问题、探究、创新等能力，提升学生的学科素养和信息素养。

基于资源的主题学习是基于资源的学习与主题学习相互整合而成的新型教学模式，是围绕主题展开的基于资源的学习过程，也可以说是在基于资源的学习环境中展开主题学习的过程。在这个过程中，既强调资源的获取、选择、利用和评价，又强调学生实际能力的提高，特别是解决问题能力、创新能力以及信息素养等能力的提高，从而使学生在主题学习的过程中，既能够解决问题，又能够提升信息素养。

二、基于资源的主题学习的现实意义

（一）形成多学科、跨学科课程学习内容

科技在影响社会和教育的同时，也使教学内容发生了改变。早期科学发展主要以综合为主，因为人们是从总体上认识事物的。随着科技的发展，人们需

要从事物的各个角度全面了解事物，所以科学转向了以分化为主，由此产生了许多的边缘学科、交叉学科和超学科。但是高度分化的学科让人们的认识缺乏整体性而日趋片面，割裂事物之间的联系，人们开始意识到分化的局限性，从而迫切地呼唤以全息观念看待问题，于是科学又开始了新一轮的综合。科学发展其实就是一个“综合—分化—综合”的过程。

科学的综合化要求学科内容的综合，也决定了课程内容的综合。为适应现代科学技术的飞速发展和解决人类面临的种种社会问题，应重新整合学科知识，加强课程内容的综合性。例如，环境问题、人口问题、资源问题等是学校教育亟待加强的内容，而目前这些内容在分科课程中难以综合体现。因此，课程的综合化趋势，是现代社会科技综合性加强的必然。

基于资源的主题学习解决了综合实践活动课如何开展的问题，这种学习方法极大地拓宽了课程资源的利用范围，在整个学习过程中学习内容弹性大，根据学生的兴趣、社会的热点、培养的需要、资源的优势来确定学习内容。在学习过程中，学生需要运用多学科知识才能解决问题，因此它具有跨学科性的特点。由于各个地区、各个学校的情况不同，也就形成了不同的校本课程，从而形成了多种多样的课程学习内容。

（二）发展学生的问题意识，培养学生的问题解决能力

在基于资源的主题学习过程中，主题既可由教师确定，也可由教师和学生共同确定。但是在真正的教学过程中，主题一般偏向由教师和学生一起讨论确定，让学生形成问题意识，促使学生从日常生活中发现自己感兴趣的问题，这有利于提高学生发现问题、识别问题的能力。教师要帮助学生学会自主思考问题，而不是直接给予解题结果。在信息技术与课程整合的过程中，需要将各学科领域的相关问题进行整合，而不是只针对某一问题为学生讲解。

（三）通过学生的探究活动发展批判性思维能力、自主协作能力和反思能力

批判性思维涉及的范围很广，主要有批判性思考、怀疑精神、问题解决等方面。学生如果没有批判性思维能力，就会淹没在信息的海洋中，无法更好地去利用信息了。批判性思维能力也是创新能力的基础，没有批判性思维，就不可能有创新。当前的社会需要既具有自主能力又具有协作能力的人才，要求自

主与协作统一。具备了自主能力，学生就获得了终身学习的基本方法，而具备了协作能力，就能拓展个人的能力，增强社会、团体的竞争力，所以自主能力和协作能力也是学生必须具备的能力。而培养学生的反思能力有利于学生运用适当的方法或技巧来提高自身的学习成效，能够帮助学生更好地控制自己的思维过程和学习活动，学会如何学习。

三、基于资源的主题学习的核心探究

（一）探究活动的基本过程

1. 明确问题，阐述问题情境

探究过程的第一步就是要确定问题是否真的存在，有没有解决的必要。在解决问题之前，将问题界定清楚是非常重要的。问题要界定正确、界定清楚，就必须刨根问底。我们所解决的问题有时并不像我们想象中那样复杂，界定好问题所在，也许寻找出来的解决方法会让人大吃一惊。在学习过程中，界定问题时首先要有一定的方向性，从多方面不断地追究问题所在，将问题产生的情境恰当地呈现出来，并描述问题的可操控方面，使学生进入问题情境，拥有问题意识，为以后进一步探究做准备。问题解决者在解决问题之前需要进行反思，反思自己对问题到底了解多少，并把了解的情况陈述清楚，确定问题目前所处的情境状态，也称为问题空间。

2. 形成假设，确定探究方向

界定问题后，我们将会在自己或他人经验的基础上，就问题的答案和问题解决的原则、途径和方法提出设想，然后进行论证，在论证的过程中，可能需要不断修正或改变，形成新的假设。为拓展学生的学习经验，使学生提出更合理的假设，在学习过程中，教师还可提供与主题学习任务有内在联系的案例让学生学习，考察案例与主题学习任务之间的异同。要注意，提供的案例要有益于唤醒学生已有的知识经验，与学生已有的知识经验相关联，而且案例必须能描述问题的复杂性，不能以简单化替代复杂化。

3. 实施、组织探究活动

组织探究活动是整个学习过程的核心，是培养学生知识目标、技能目标和情感目标的关键。教师可以根据学习目标组合多种活动进行教学，让学生获得直接的学习体验。

4. 收集、整理资料，找出资料的意义

除了获得情感体验和技能提升以外，大部分活动也是一个收集、整理资料，找出资料的意义的过程。

（1）收集资料的方法。

收集资料的方法多种多样，主要包括以下六种。第一，阅读。不管技术发展多么先进，人有一个最基本的能力不容忽视，那就是阅读的能力。第二，建立核心理念。一门学科、一本书、一节课，乃至一句话，都有一个核心理念。我们所要做的就是抓住这个核心理念，通常我们所说的“把书读薄”，就是掌握一本书的核心理念。第三，做笔记。“好记性不如烂笔头”，这句话适合于任何阶段的学习。笔记就像是信息网中的一个个节点，一旦找到了节点，我们就拥有了大量的信息资料。同时，做笔记也可以消除我们学习的盲目性，使学习变得更有计划。第四，日积月累。“活到老，学到老”，这句话不仅是终身学习的理念，也说明了知识是靠日积月累获得的，知识的获取是一个累加的过程，人对知识的获取也是无限的。资料收集是获取知识的第一步，“聚沙成塔”，收集的资料越多，对事物的认识层次越高。第五，提问。提问是获取对自己有用资料的最好方法，这样收集资料具有针对性。收集资料时，人们应了解自身需要什么样的资料、如何去查找、在哪里查找等。访谈就是提问的一种具体形式。第六，多感官刺激。研究表明，受到多感官刺激时人的学习效果最佳。在收集资料的过程中，利用多感官刺激，可以让我们对接触到的资料有更深刻的了解，从而收集到更有利的资料。

信息技术的高效性也带来学习的高效性，信息技术为基于资源的主题学习提供了更方便、更有效的手段。在以上六种收集资料的方法中，我们都可以利用信息技术，如信息技术可以实现异地异步交流和异地同步交流等。利用各种方式收集而来的信息资源是进行活动探究的前提和依据，没有资源就产生不了活动，资源收集得越多，就可以获得更多的问题经验，为考虑问题提供更全面的依据、更多的视点。

（2）找出资料的意义。

资料收集是有目的的，资料收集之后，需要找出资料的意义，才能使其产生最大的作用。从思维角度来说，找出意义比收集资料需要更多的思维投入，需要做更深入的思考。有意识地提取资料中的价值和意义，有多种方法可用，其中，利用智能技术既能从多个角度提取资料的意义，又能解决学生的差异化带来的问题。

5. 形成问题解决方案

在形成问题解决方案的过程中，要弄清楚其他求解者的观点和意见。这些求解者的看法其实也是资料的一部分，利用各种资料，发挥创意性思考和分析性思考能力，找出问题的多个解决方案，最后经过讨论确定最佳的解决方案。

6. 展示探究结果

在这一阶段，展示、交流探究结果也是通过各种活动来实现的。经过了探究活动，形成了一系列的探究结果之后，可以根据探究的内容进行展示与交流。

（二）探究活动的实施策略

1. 自主探究的实施

（1）注重学习资源积累，拓展选择空间。

学习资源是实现课程目标的基本因素，也是课程内容的直接来源，学习资源的丰富性决定着教学目标实现的范围和水平。只要有足够的观察力、想象力和创造力，任何事物都可以作为学习资源。要使学生对学习资源有更深刻的理解，可以让学生在学习情境中学会利用资源，让学生沉浸于真实的学习环境中，学会自主寻找资源、积累资源。

（2）教师在自主探究中对学生进行适时的指导。

学生的自主探究并不是盲目的，虽然强调自主性，但教师的指导也不可缺少。对于活动探究的各个步骤，教师在对学生进行指导时，可以根据学习目标、学习内容、学习对象确定指导的程度，既要给学生充分的探究自由，让学生进行足够的自主探究，又要随时监控学生的探究行为，使学生不至于离学习目标太远。活动探究虽然强调学生要自主学习，但是在活动的过程中，学会利用已知的知识经验也是非常重要的，不要求学生对所有的知识均通过直接感知获取。只有吸取了前人的经验和知识才能让学生有更高的创造力。因此，在探究过程中要找到使学生的自主性与教师的指导性相互平衡的方法。

（3）让学生体验多种探究方法。

自主探究方法多种多样，主要包括文献资料法、观察法、调查法、实验法等，学生既要了解这些探究方法，还要学会将这些方法应用于实践。教师在指导学生进行自主探究时，应该根据活动目标、活动内容，帮助学生选择相应的活动探究方法。以上的这些探究方法，都可以利用计算机网络进行实践。例如，使用文献资料法时可查找网络中的大量信息资源，并对其进行研究；计算机虚拟技术以及图像技术的发展使物体效果越来越逼真，这有助于观察法的使用；网络中的交互技术也为调查法和实验法提供了一定的基础，如在网上发布调查问卷让他人填写，通过社交软件与他人进行实时访谈或异地访谈。计算机中的大部分软件是通过改变参数进行控制从而实现各种操作的，这有助于实验法和动手实践法的应用。

2. 协作探究的实施

（1）创设学习共同体。

让学生在各种环境中展开协作探究，能够帮助学生在与同伴共同参与的活动中展开充分的思考与交流，提高其沟通协作的能力。在协作学习过程中，最主要的就是构建起具有积极氛围的学习共同体。一个学习共同体主要由 6 个基本要素组成：教学要基于真实性任务，学生的发展要建立在相互依赖的基础上，师生、生生之间要协商、理解，师生要分享与交流，要与课外专家合作，由共同体共同承担学与教的责任。

（2）创设丰富的协作情境。

建构主义理论强调学习的情境性，要求学生在情境中建构知识，可见情境的重要性。要创设丰富的协作情境，就要让学生在这一过程中积极思考、相互合作，同时还要求学生具有反思能力。

（3）对小组进行合理的分配与结队。

学生在活动探究过程中进行协作，形成学习团队。团队中成员的角色主要有保证团队目标实现的管理者、发布团队解决问题结果的发言人、对队员的正确行为进行确认的激励者、对队员的回答进行确认的评核者、记录答案和队员意见的记录员、擅长表演与展示的“艺术家”、向班级的其他同学解释本组问题解决答案的展示者等。管理者、评核者和记录员是一个团队所必须要有的三种人员。在组织分配学生任务的过程中，要充分考虑到每个学生的特点和优点，让学生在团队中发挥最大作用。同时还可以根据不同的培养目标，适当将学生不擅长的问题分配给他们，以提高学生的弱势能力。小组的组织和分配过程，既可以由教师指定，也可以让学生自己结队。由于受团队人数的限制，一个成员经常同时担任好几种角色，或根据实际情况多个成员担任一种角色。

（4）教师的边缘支持。

在探究活动的过程中，普遍存在两种极端：一是教师放任不管，让学生自己去学；二是教师管得太多，主宰性太强，限制了学生的发挥。这两种极端的做法都违背了教学认识论。教师在教学过程中应以教为主导，以学为主体，起到边缘性支持作用，即教师既是学生中的一员，又是学生学习的监控者，在教学中担任学生学习的协作者和指导者、课程的设计者、资源的咨询者等角色，明白在协作探究的过程中，什么时候为学生提供指导，指导什么，如何指导。

教师应懂得什么时候为学生提供指导，可以是学生进行探究活动之前、学生提出问题时或学生在探究过程中偏离学习目标时。

教师应明白为学生指导什么。根据学生的需要，教师为学生提供必要的指导。有时教学活动需要学生自己去探寻答案，所以在指导时应点到为止，既不能对学生的问题置之不理，也不能完全给出答案，影响学生的探究兴趣与探究的努力程度。

教师应了解如何对学生的问题进行指导。为有效地支持学习，在建构主义学习环境中，教学支持如示范、指导和支持是必需的。示范以两种方式存在：显性的行为示范和认知过程中隐性的认知示范。指导是一个激发学生、分析学生的行为并在学习过程中提供反馈，帮助学生掌握关键技能的过程。教师面临指导的问题时，应根据学生学习的实际情况，做出恰当的选择，如是向学生示范，还是应激励学生，还是应为学生提供必要的支持等。

四、基于资源的主题学习的活动主体

在基于资源的主题学习过程中，教师和学生各司其职，相互作用、相互支持，推动着活动探究过程的协调发展。

（一）探究过程中教师的角色

与传统教学中教师的角色相比，在探究学习过程中，教师的角色发生了质的变化，教师的角色面临新的挑战。

1. 从“资源内容的提供者”到“和学生一起成为资源的查询者”

科学技术，特别是网络技术的迅猛发展有助于人们公平地享有资源。教师可以帮助学生发现所学东西的个人意义，让学生了解获取这些资源的重要性，帮助学生收集和利用学习资源，指导学生最有效、最快速地获取信息资源，与学生合作，成为信息资源的查询者。

2. 从“问题的提出者”到“问题情境的创设者、兴趣的激励者”

教师需要创设学生发现问题的情境，引导学生从问题情境中选择适合自己的探究课题，帮助学生找到适合自己的学习方式和探究方式，与学生共同开展探究过程。教师必须提供真实的学习任务和学习情境。同时，教师还是学生心理情境的创设者，帮助学生营造和维持学习过程中从容、积极的心理状态，激励学生学习的兴趣。

3. 从“知识的灌输者”到“意义建构的促进者”

教师不是知识的灌输者，而是意义建构的促进者。教师主要是促进学生将所学内容尽量和自己已有的知识相联系，通过创设符合教学内容要求的教学情景，提示新旧知识之间的相关线索，帮助学生建构当前所学知识的意义。

4. 从“课堂的主宰者”到“合作者”

合作者有两层含义。一是教师与学生之间的合作。教师深入学生之间，成为学生探究的合作者，了解学生的兴趣、学习风格等，提高学生的学习效果，避免学生在探究过程中走偏方向。教师在这个过程中发挥的是导师的作用，即引导、指导、诱导、辅导和教导。二是教师与教师之间的交流合作。由于主题教学涉及多学科内容，教师之间的交流与合作非常必要。

5. 从“答案的提供者”到“方法的传授者”

很多真实世界的问题并不存在唯一正确的答案，而且解决问题的方法多种多样，因此，教师不应该只是作为问题答案的提供者，而是要教授学生解决问题的方法，这样他们再遇到相似问题时才能够自主解决。

（二）探究过程中学生角色

在探究学习中，学生同样面临角色转型的挑战。从教育的终极意义上来说，教育的目的就是使学生成为一个具有独立学习和终身学习能力的人。

1. 成为独立学习的学生

学生要善于利用各种资源满足个人学习需求或娱乐、兴趣需要，学习从各种媒体中获取信息的技能和策略，要能够制订全面的计划，找出学习的症结并加以解决，合理地分配个人时间。

2. 成为终身学习的学生和阅读者

学生要发展积极的终身学习态度，持续阅读以寻求知识、娱乐或获取灵感，通过印刷媒体或其他媒体满足自己的兴趣需求。

3. 成为协作学习的学生

学生应提高自身的沟通能力，主动与他人合作组成学习小组，将自己的独立学习技能应用到小组学习中，积极参与小组的学习。

4. 成为信息技术的有效使用者

学生要成为一个有技术素养的人，要具有批判性思维，认识到技术在社会中的优势与局限，理解技术的变化及其在终身学习中的应用。

基于资源的主题学习模式作为一种新型的学习模式，还处于初步探索阶段。在这一过程中，主要倡导以学生为中心，旨在整合课程与信息技术，提高师生的信息素养，推进研究性学习的具体实施。

第三节　线上线下混合式教学

一、线上线下混合式教学概述

线上线下混合式教学是将信息技术与在教室中的教师教学凝聚成一体的一种教学模式，即运用信息技术线上教学和教师课堂教学的优势，将两者合理有效地结合起来。这种形式并非二者的简单相加，而是二者的密切凝聚结合，不受时间与空间维度的限制。线上线下混合式教学的主要内容包括以下三个方面。

（一）线上提供资源

实施混合式教学的先决要素就是线上教学资源，它给予学生丰富的学习资源与学习时间。教师在建设资源的过程中需要对知识点进行编辑或者查找相应的学习资料，并提出相关问题或发放练习题等。可供教师使用的线上资源平台种类繁多，如超星学习通软件、蓝墨云班课平台等。

（二）线下教学活动

线下教学活动是混合式教学的核心部分。在线下教学活动中，教师要识别并筛选有利于学生发展的各类知识，进行教学实践，组织学生灵活应用所掌握的知识，让学生能从不同角度参与学习。

（三）开展过程评估

评估的开展是检验混合式教学的必备举措。评估检测包括两个方面，分别是线上教学评估和线下教学评估。这两个评估过程相辅相成，缺一不可，不仅是过程性评价的关键途径，也是检验学生学习效果的主要依据。

二、线上线下混合式教学基本原则

（一）因地制宜与循序渐进原则

教师在推进线上线下混合式教学时，需要对学校的硬件、软件进行全面的调查分析，制订符合本校实际情况的实施方案。同时，教师也需要根据学科特点以及学生的实际情况进行教学设计，并且在实践中总结经验，不断完善线上线下混合式教学模式。教师要循序渐进地开展线上线下混合式教学，对学生实施“提高认识—鼓励引导—提高学习体验—最终接受”的教学方法，让学生主动适应新的教学模式。

（二）线上与线下深度融合原则

在“互联网 +”时代，如何有效整合线上教学资源，实现线上线下有效衔接，推动技术与教育的深度融合，是未来教学改革需要解决的热点问题。为保证线上线下教学的有效衔接，一方面需要教师从学情衔接、从教学内容衔接，加强线上线下教学的联系，从而实现线上线下深度融合。教师首先通过问卷调查或者访谈进行学情分析，根据教学目标筛选适合学生的优质线上教学资源并发布，让学生课前自主学习；其次，对线上学习内容进行检测、查漏补缺，然后对线下教学活动进行调整；最后，通过实践检验教学效果。另一方面，教师要从教学策略方面加强线上线下的有效衔接，在教学过程中应用小组合作学习方式。此种教学方式是在混合式教学中得到广泛认可的，因为混合式教学的理念以学生为中心，强调素质教育，促进学生德、智、体、美、劳全面发展，而小组合作学习就是在任务驱动下，学生在自主学习、合作学习、探究学习中完成任务，提高学生人际交往能力、合作能力、创新能力等，从而实现立德树人的教学目标。

（三）目标导向与因材施教原则

目标导向原则是教师把教学目标作为评判标准，对学生的学习和行为进行判断。此原则具有两层含义：一是根据教学目标对教师的教学效果进行判断，二是根据教学目标对学生的学习效果进行评价反馈以及改进教学。线上线下混合式教学的教学理念是以学生为中心，培养学生自主学习的能力，培养满足时代发展需求的德、智、体、美、劳全面发展的人才。教师根据教学目标来评判学生的学习情况并且进行反馈，调整教学设计，逐渐实现教学目标。同样，学生也要根据教学目标的达成度，明确自身学习效果，明确重难点，调整自身的学习计划，实现学习效果的最大化。另外，教师需要根据学生的需求，设计个性化的教学活动，并且采取多样化的教学手段，促进学生个性化发展。教师不仅要利用线上平台多样化的教学资源，为学生提供丰富的学习资源，促进学生个性化学习，还要打破时间空间的局限，利用信息技术为学生提供个性化的教学指导，实现因材施教。

三、线上线下混合式教学模式的类型

线上线下混合式教学需要教师对授课内容以及课程实施过程进行再设计，旨在创设一个积极、有趣、有吸引力的学习环境，帮助学生拥有良好的学习体验，使学生通过主动参与学习构建自己的知识结构，完善学科知识体系。根据教师在线下教学环节扮演的角色以及课堂参与度的不同，可将线上线下混合式教学模式分为反馈型混合式教学、讨论型混合式教学和答疑型混合式教学三种

类型。

（一）反馈型混合式教学

与其他两种教学模式相比，在反馈型混合式教学模式当中，教师的参与度最低，学生成为课堂的主导。这就要求学生具有较强的主观能动性，能够自觉学习课程内容，在线下课堂中能够将线上所学内容有效、全面地反馈出来。学生进行线上自主学习，主要通过观看教师直播或利用已有线上学习资源学习教师设置的学习内容。在线下教学活动中，学生结合自己在线上学习到的内容，以“小老师”的身份对线上的知识发表个人看法、反馈信息，教师则作为听众把控课堂。在此教学模式中，教师能够了解学生的掌握程度，学生可根据自身文化基础和学习需要，控制学习进度、选择学习内容，从而实现教学效果的最优化。需要注意的是，应用此教学模式的前提是学生能够充分利用课下时间进行自主学习，因此这就对学生的自控力和学习能力有一定的要求，同时教师需要全面了解学生的情况，有针对性地调整学生的线上学习任务。

（二）讨论型混合式教学

讨论型混合式教学模式能够充分体现学生的主体地位，需要教师引导、辅助教学活动的开展。课堂教学以学生的交流、讨论为主，围绕若干个线上学习的重点和难点展开。在此教学模式中，教师作为课堂的主持者，应当做好两方面准备：一方面，要提前设计好教学环节，全面兼顾课堂实施的具体环节，做好问题处置预案；另一方面，课前应当根据教学目标选取适当的线上教学内容。教师要有意识地引导学生在线上学习的同时，就某些具体问题进行思考，激励学生主动拓展自身知识的广度和深度，促成线下课堂讨论交流的顺利开展。同时，在学生学习教学内容之余，线下的讨论环节间接督促了学生主动学习，帮助学生养成善于思考、勇于拓展的良好习惯。这种模式与反馈型教学模式最大的区别就是讨论型教学模式线下的主导是由教师完成的，教师充当学生讨论、探究问题的“主持人”，而反馈型的教学模式主要是由学生讲解和阐述自己对某个知识点的认识，因此学生是主导。

（三）答疑型混合式教学

在答疑型混合式教学模式下，教师为线下课堂的主导，但这并不影响学生的主体地位。线下课堂围绕学生在线上学习中产生的问题和疑惑展开，教师就核心问题进行讲解并答疑。另外，答疑型混合式教学也需要学生全面、深入地学习线上课程，并及时将学习效果反馈给教师，教师就学生反馈的问题提前做好准备，保证线下课堂教学的顺利开展。此教学模式对线上教育教学资源要求较高，需要教师提前制订好完整的学习计划和确立学习目标，同时，线下课堂内容针对性强，教学目标明确，学生学习效率高。在具体的实施过程中，教师须全程参与学生的学习过程，关注学生对具体学习内容的反应，聚焦重点、难点问题，提高学生的学习效率。

在实际操作中，对以上三种模式，教师可根据学生任务的具体完成情况进行灵活调整、组合应用，从而达到预期教学目标。

四、线上线下混合式教学模式的实施

（一）基于互联网的网上教学平台的构建

要开展线上线下混合式教学，网上教学平台的构建是实施线上教学的基础。目前，网上教学平台一般基于国际互联网这个开放的平台，将教学服务器置于互联网中，用户通过 PC 端或移动终端就能访问服务器上的教学资源。

1. 网上教学平台的网络架构

网上教学平台的网络架构包含五个部分，即移动终端设备、移动通信网络、国际互联网、PC 客户机和教学服务器。其中教学服务器与国际互联网相联，存放着丰富的教学资源以及相应的服务程序。与互联网连接的用户（包括移动终端用户和 PC 客户机用户）可通过网络访问该服务器上的教学资源。

2. 网上教学平台的功能

教师可在网上教学平台上创建课程、上传课程教学资源、查看统计信息、发布通知、发布作业、发布题库、发起讨论，以及进行相关教学的管理；学生可通过该平台收看教学视频、查看课件和文本、完成在线作业和在线测试（考试）、参与在线讨论、收取通知、进行课程评价等。

3. 网上教学资源的建设

教学服务器是网上教学平台的核心，平台上所提供的课程教学资源的种类、数量以及质量，直接影响学生网上学习的效果。开发建设种类繁多、高质量的网上教学资源是教师成功开展线上教学的基本条件。网上教学资源的内容包含教学文件（教学大纲、考试大纲等）、题库、作业库、课件、课程讲授视频等，资源建设类型主要有文本、PPT课件、视频、动画等。网上教学资源的开发由授课教师与相关技术人员共同完成。在资源建设的过程中，需秉承科学性、设计性、计划性等原则，科学规划资源的内容及其形式，注重学习资源设计的标准和统一，有计划、分步骤地开展资源建设工作。

（二）线上线下混合式教学实施方案

制订科学高效的线上线下混合式教学方案对整个教学过程的实施具有重要意义。教师须以课前、课中、课后三个教学阶段为框架，针对各个环节的不同特点分类设计线上线下混合式教学方案，设计过程中需要教研室的课程团队成员针对不同课程进行研讨，汇总多方意见，形成一套较为完备可行的实施方案。

1.课前阶段

课前阶段，采用何种线上线下混合式教学需要依据课程内容进行选择。在这一阶段，教师需坚持差异化设计原则选定教学内容，根据课程学时、教学大纲、内容设置等方面要求制订教学方案，对线上教学资源、课程平台、教学活动设置等多方面开展调研，经过专家论证后，确定最优授课方案。

教师在课前阶段通常会利用课程平台、线上教学资源、通信工具等开展线上教学活动。一方面，引导学生自主预习相关知识，明确教学内容与学习目标；另一方面，整合线上优质教学资源拓展本校教学资源库，通过线上活动拓宽学生的知识面，激发学生学习兴趣，锻炼学生思维能力，为开展线下教学活动、提高学习效率与质量奠定坚实的基础。

2.课中阶段

此阶段为线下教学阶段。经过了线上教学，教师可以根据学生线上学习任务的完成情况，及时调整线下教学方案，并坚持问题导向原则，解决学生在线上教学活动中遇到的难题，对重点知识进行重点讲解。相比传统教学模式下的线下授课，经过线上教学活动后的线下授课阶段，学生已经通过线上的预习阶段进行学习并掌握了一部分基础知识点，学习效率、教学质量、学生的接受程度都有不同程度的提升。同时，学生对教学内容理解得更加深刻，学习自主性得到提高，教师讲解知识更具针对性，无论是学生的学习质量还是教师的教学质量均有提升。

3. 课后阶段

在这一阶段，建立以教师、学生、督导为中心的反馈机制对提高线上线下混合式教学质量具有重要作用。其中，学生对整体教学活动的评价成为教师逐步完善线上线下混合式教学方案的重要依据，关注学生对整体教学活动的评价与学习成果，成为完善教学方案的关键途径。因此，课后阶段主要包括两个方面的内容：一方面，及时关注学生课堂作业的完成情况，引导学生对所学知识进行内化吸收的同时进行拓展延伸；另一方面，坚持问题导向，及时跟进了解学生对整体教学活动的接受度和喜爱度，根据评价结果及时改进教学方案，形成过程性评价，从而全面提高线上线下混合式教学质量。

五、线上线下混合式教学模式优化

（一）提升教师运用现代教育技术的能力

提升教师运用现代教育技术的能力，可以有效地提高教学质量。线上线下混合式教学模式，需要教师在互联网上收集一些与所学内容有关联的教学资料，上传到特定的教学平台，以方便学生进行线上的自主学习，之后配合教师的线下讲解，就能够取得事半功倍的效果。要想实现上述过程，教师就需要熟练掌握一定的互联网技术的使用方法。首先，学校方面要重视对教师的培训，不管是入职培训还是工作中的培训，都要有针对性地为教师讲授一些先进教育技术的使用方式，让教师运用到之后的实际教学中；其次，学校可以邀请专家来开展讲座，向教师传授现代教育技术知识及其操作方法，从而提升教师的能力；最后，学校还可以定期组织教师到校外参加一些现代教育技术的培训，进一步提升教师运用现代技术的能力，将科技的优势充分地发挥出来，从而最大限度地促进线上线下混合教学法的应用。

（二）完善教学设施，提高学校的教育水平

要实现线上线下混合教学模式的优化，就要完善学校的网络设施和教学设备，同时学校的相关领导应该大力支持学校各项教学的改革，加大资金的投入力度，完善教学设施，配备齐全线上学习所必需的计算机和多媒体，并且要给

予任课教师全力的支持，鼓励教师积极采用先进的设备进行教学，对教师进行教育技术应用的培训，明确线上线下教学法对学生学习的积极意义，充分发挥教学设施的作用和价值，提高学生的学习质量。

（三）充分挖掘、利用互联网中优质的教学资源

教师要充分挖掘互联网中与学生所学知识相关的内容与延伸的知识，并将其进行收集与整合，充分发挥网络教学资源的优势，对学生进行教学。教师可以从一些学习网站上收集与本课程相关的教学资源，将这些精品资源发送到学校的教学平台上，便于学生的线上学习，激发学生进行线上学习的兴趣。学校方面应鼓励教师对网络教学资源进行开发与设计，并给予一定的资金支持，还可以邀请一些校外的课程开发专家来开发学习资源，最大限度地提升学生的综合能力。

第四章　智慧课堂的教学实践

第一节 智慧课堂的教学策略

智慧课堂是信息技术与教育教学融合创新应用的集中呈现，能够有效促进智慧教学和智慧学习。智慧课堂已成为智慧时代课堂教学变革的基本取向和信息时代课堂教学变革的必然选择。放眼国内外课堂教学改革，可以发现教育改革的关键在于教师。新时代的教师，理应主动顺应教育信息化发展趋势，树立新时代全新的育人观、教学观和课堂价值观，主动适应智慧课堂变革的需求，不断提高信息化教学能力，积极开展智慧课堂教学实践，以期更好地实现信息技术与教育教学的融合创新。

一、建构和谐课堂，引导学生积极参与

师生共同构建和谐、民主的课堂氛围，使课堂上所有层次的学生都能够积极主动地参与到课程相关学习过程中。智慧课堂应该促进全体学生的高认知和高参与，尽力培育充满质疑和辩论的课堂。和谐的课堂氛围是所有课堂教学的共性特征，也是促进学生积极参与课堂的基本要求。教师和学生要努力共建教学共同体，共同创建一种“真诚和谐、自由向上”的积极课堂文化。若要让学生在充满安全感、向往感、成就感、幸福感的环境中自由生长，就要尽可能营造一种学生能随时向他人求助的氛围。只有在这种氛围之下，学生才能够更好地参与学习、自由提问、研讨质疑和有效创新。

只有在和谐、平等的课堂氛围之下，学生才能在心理上保持一种安全感、快乐感和向往感。只有在这种轻松和谐的氛围之下，学生才可能全身心参与课堂教学活动，才能真实地表达自己的想法、放心地提出自己的疑问、认真地讨论学习中的问题和大胆质疑教学中的分歧。教师应努力将热情融入课堂，这样才能感染学生，让他们更好地参与课堂。教师适度的幽默对于形成良好课堂氛围、促进课堂互动学习具有积极作用。教师应始终秉持以学生为本的理念，始终站在学生的角度思考问题，始终坚持以学生为中心的教学。

二、理解技术学理，推进融合创新

随着 5G 和人工智能技术的快速普及，智慧课堂教学软件（系统）高速发展、种类繁多，令人眼花缭乱。很多教师对智慧课堂中的技术应用产生了畏难甚至是恐惧的心理，这在一定程度上阻碍了智慧课堂教学改革的步伐，不利于智慧课堂变革的推进。在智慧课堂教学过程中，教师唯有深刻理解技术背后的“学理”（教学原理），才能不被技术迷惑，并有效驾驭技术，让技术为教学赋能，真正实现信息技术与教育教学的融合创新。智慧课堂教学从技术层来讲，主要包含人机互动、客观分析、智能推送、学习展示、资源生成及辅助工具六大模块。其中，人机互动优化了师生参与课堂的方式和行为，客观分析、学习展示等以可视化方式呈现了学生的学习状态和学习成效。因此，在推进智慧课堂教学过程中，教师要全面理解信息技术与教学融合的本质，理解技术背后的原理，积极思考如何将技术有效融入教育教学的全过程，真正实现信息技术与教育教学的融合创新。

三、促进全向互动，提高教学成效

课堂教学互动通常被认为是在某一环境下师生双方根据某个话题开展的相互交流、共同探讨，从而相互影响的教学活动。教学互动的核心作用是刺激学生在认知、情感、意志、态度等方面产生不平衡态，继而通过有效的互动行为促进其向新的、更高层次的平衡态发展。通过教学互动，教师可以更容易地识别出每位学生的认知水平并采取相应的教学措施。然而，在一些课堂上，教学互动依然停留在面向少数学生的浅层互动，大多数的学生成为课堂互动的“旁观者”。这与现代教育制度强调每个人都享有平等的教育的最基本特征相去甚远。因此，教师在教学中应努力形成面向全体学生的深度互动。

技术与教学的融合创新为实现全面的深度互动提供了可能，当课堂互动融入现代信息技术之后，教育的主体关系演变为“教师—技术—学生”的模式或结构，课堂互动除了常见的师生互动和生生互动之外，还增加了人机互动的维度。其中，人机互动就是要通过人机协同作用来优化教学过程，促进学生的良好发展，主要包括教师与技术的互动和学生与技术的互动，而生生互动包括学生个体之间和学习小组之间两个层面的互动。

在智慧课堂上，教师、学生、技术之间形成了以技术和资源为基础的循环式立体互动关系。这种建立在技术与资源基础之上的师生之间、生生之间的复杂网状互动形态称为全向互动。全向互动强调任何人都可以通过合理的技术和资源与其他学生或教师进行互动。促进全向互动的策略可以概括为“三好”，即提出好问题、融合好技术、应用好策略。“提出好问题”是促进全向互动的起点和关键，虽然“好的问题”没有固定的标准，但它们有一些共性特征以供遵循，即能够促进师生开展高效互动的问题应该具备人人有话说、处处可讨论、小组能探究的基本特征。“融合好技术、应用好策略”是信息技术与教学融合应用策略的具体体现，在智慧课堂教学过程中，要合理应用人机互动技术，把抢答、随机抽人和指定回答（个人、小组或小组内某人）、接力问答（小组内、小组间）、齐答等具体策略结合起来，辅以可视化技术，努力实现教学过程的全向互动。

总之，全向互动不只是信息和知识的传递，更强调师生之间思想和情感的交流与融合，是有效进行思想品德教育，实现全程、全员育人的重要载体。教师、学生和信息技术之间的全向互动既活跃了课堂氛围，又提高了学生的学习参与和互动水平。只有深入理解全向互动背后的特征和规律，才能更快速地达成教学目标、提高教学成效。

四、注重学习可视化，优化教学策略

学习可视化强调以数据、图表、图片、视频等方式呈现学生参与学习的过程和成效，是教学大数据的重要应用领域。借助大数据驱动的智慧教育已发展成线上线下融合的无缝学习生态。在智慧课堂教学过程中，收集、整理、分析和利用学生的相关数据，能够激发他们的学习积极性，提高学习成效，更好地改进教与学的效果，提供更符合人们需求的教育，从而促进学生的发展。

学习可视化可以简化理解为应用技术将学生“是否在学”和“学得怎样”进行直观呈现。“是否在学”是对学习过程的可视化，通过技术手段呈现学生是不是在按照教师的要求进行学习，呈现的是学生的学习过程和状态；“学得怎样”是对学习成效的可视化，通过技术手段全面、客观呈现学生学习的成效，从整体（全班）、局部（小组）和个体等多层面呈现学生的学习情况，将学生对知识点的掌握情况进行可视化呈现。无论哪个层面的可视化都是在帮助教师进一步掌握真实学情，从而为优化教学、促进学习提供教学决策参考。

在课前，教师能够依据学习平台（包括一些能够提供数据反馈的应用系统）有效组织学生学习微课或其他在线资源，并开展导学测评、获取反馈数据。一方面，平台能够向教师呈现学生学习的过程性数据（如哪些同学已经学完，哪些同学还没有开始学习等），把学生是否在学的情况以可视化方式反馈给教师，教师在掌握这些数据后就能够根据平台提示，有针对性地指导和督促学生开展学习；另一方面，教师通过平台提供的学习测评数据，既可以全面了解班级学生的整体学习成效，也能够精确了解每个学生的学习情况，以全面掌握学生的真实学情，为调整教学目标、优化教学设计、应用教学策略、提升教学成效提供依据。

在课中，记录和分享学生设计创作的过程，能够外显学生的思维活动，促进学生之间的理解和交流。例如，教师通常采用小测验来检测学生的学习成效，在学生答题阶段，教师可以将学习过程可视化，这样，教师能够精准地知道哪些学生已经回答完毕、哪些学生尚未完成，故而可以有针对性地督促学生参与课堂学习，完成相应的学习任务。在答案呈现阶段，可视化技术能够将学生的学习成效进行全面呈现，既可以看到整体的学习成效，又可以精准判定每个学生的知识掌握情况，从而采取有针对性的教学策略促进学生更好地学习。

在课后，教师可以参考课堂教学的行为数据分析和学习分析报告，指导学生进行有针对性的复习和安排布置差异化作业，也可以根据平台反馈的数据对学生课后的学习进行智能化监管和个性化指导。

总之，学习可视化必将融入课前、课中、课后的各个环节。学习可视化是教学大数据的有效呈现和基本应用，是当前众多教育变革的方向，能够为课堂教学的“在哪里”“去哪里”“到了没”提供必要的依据。“在哪里”是指教师可以应用教学数据，精准掌握学生的真实学情；“去哪里”特指教师在全面掌握学生学情基础上对课堂教学目标进行优化或重构的过程，是“以学定教”的具体体现；“到了没”强调教师要随时关注学生的学习过程和成效，及时评估学生是否达到了预期的教学目标。可视化技术与策略的应用对于有效促进学生深度学习、提高学习能力具有重要的作用。

五、主动开展实践，确保常态应用与反思

教育观念是在潜移默化中转变的，智慧课堂教学需要将先进的理念有效融入日常的教育教学实践中，要把智慧课堂的新理念、新思路和新模式广泛应用于日常教学活动和教学研究中。教师应努力通过教学实践、教研结合和成果固

化，全面提高个人信息化教学能力，以适应智能环境下的智慧课堂教学改革需要，从而实现推进课堂变革、提高教学质量的目标。

每个人都应该成为课堂教学改革的参与者、实践者和推动者。智慧课堂教学实践可以从以下五个方面开展：一是要全面理解信息技术与教育教学融合创新理念，主动、持续开展智慧课堂教学实践，使智慧课堂教学改革常态化；二是要坚持做好智慧课堂教学实践的总结反思，发现智慧课堂教学过程中存在的问题，寻求解决问题的思路和方法，形成“实践—反思—提升—再实践—再反思—再提升”的迭代循环；三是以公开课、展示课、汇报课或研讨课等方式，发挥好智慧课堂的教研交流、引领和示范作用，促进智慧课堂的普遍应用；四是要将智慧课堂的教学实践与科学研究有机结合，建构课堂教学实践与教学研究应用双向促进的生态；五是通过论文、课题、研究报告等方式对智慧课堂教学改革的成果进行固化推进和应用推广。

第二节　智慧课堂个性化教学

一、智慧课堂个性化教学的含义

目前个性化教学的内涵包括教师“教”的个性化与学生“学”的个性化两个方面。可以明确，个性化教学的目的是发展学生的个性，尊重学生的差异性与自主性。从个性化教学的目的可知，个性化教学的主体是学生，个性化教学就是学生的“可定制教学”。虽然在个性化教学中，学生要学得个性化，教师要教得个性化，但是必须要明晰的是教师的“教”所展示出的个性仍取决于学生“学”的个性化需要，要根据学生的需求对教学过程进行个性化的加工。因此，教师与学生在个性化教学过程中并不是完全独立的，而是相互影响的。

个性化教学可以界定如下：以尊重学生的个体差异为前提，以促进学生个性化、多元化发展为基础，教师能够进行个性化的教；学生在教师引导下，能够自主性进行学习活动，最终达到提升学生个性发展的教学目的。

基于智慧课堂的内涵与特征，以及对个性化教学概念的剖析，我们可以认为智慧课堂中的个性化教学就是依托智慧课堂环境，通过信息技术支持，以培养学生智慧为出发点，以提升学生自主学习能力为目的，展开个性化、精准化的教学活动。

二、智慧课堂个性化教学的实现基础

（一）智慧课堂中个性化教学实现的动力原理

智慧课堂中个性化教学最终想要实现的目的是“转识成智”。“转识成智”是指人认识的发展过程，是从无知到有知，再从有知到有智慧的辩证发展过程。

教师与学生是智慧课堂个性化教学中的关键因素。从教师层面来说，首先，教师的角色定位体现出了教师在课堂教学中的关键性，教师作为课堂教学的组织者、学生学习活动的引导者，对确定教学活动整体架构起到了重要的作用。教师作为教学活动中的人，还具有自己的主体性，是实现个性化教学的实施者。其次，教师与教学活动中的各个因素都有关联，与学生之间的师生关系决定了教学活动的诸多因素，以及对教学形式的选择、教学环境的创设、教学资源与设计的制作都是基于教师这一因素来定夺的。最后，教师自身的能力，如教学的把控能力、个性化教学能力等，都是个性化教学实现的影响因素。所以，需要挖掘教师在智慧课堂中所表现出的价值与作用，将教师作为智慧课堂中实现个性化教学的关键因素，来设计个性化教学的实现过程。从学生层面来说，学生是教学活动中的主体，在智慧课堂中尊重学生的个性发展是实现个性化教学的关键。学生自主学习的能力是可发展的，所以在智慧课堂中，学生的自主性与创造性都发生了较大的变化，这些变化直接影响了个性化教学的实现。学生作为教学活动的主体，是整个教学活动的核心，个性化教学旨在让学生能够个性地、多元地发展，尊重学生个体化差异。因此，个性化教学中的诸多因素，如教师与技术、环境与形式都直接受到学生的影响，同时也直接影响学生。学生作为一个中间关键量，成为教学活动与教学效果的桥梁。在实现个性化教学的过程中，把握好学生因素至关重要，需要了解学生每一个环节的操作方法与价值意义，这样才能在智慧课堂中真正实现个性化的“学”。智慧课堂中个性化教学使教师与学生间的关系变革产生可能。在智慧课堂个性化教学实现的过程中，师生关系的角色定位发生了变化，学生的主体性更加明显，而教师逐渐成为教学活动的组织者与引导者。基于平台技术的支持、学生话语权的回归，学生在教学过程中的主导能力得到提升，其主导性的增强改变了师生关系中的被动因素，学生与教师间的交流空间被大大拓展，所以伙伴型师生关系常态化在智慧课堂个性化教学中成为可能。

（二）智慧课堂中个性化教学实现的关键环节

根据教学活动的特点，将教学活动划分为课前、课中与课后三个阶段。在课前，主要环节是利用平台化的技术交互生成个性化的学习资源。学生自主预习的学习资源是课前教学环节的关键，所以课前环节设计探索中主要围绕如何形成个性化学习资源开展，思考平台化技术为个性化资源的形成所提供的支持。在课前阶段，个性化学习资源的形成关键在于教师能够个性化分层推送资源，让每个学生获得属于自己的学习资源。在课中，主要是利用平台化、交互与大数据等信息技术的支持，实现分层教学，体现智慧课堂中个性化教学的分层逻辑，形成立体交互的课堂，以培养学生的自主性学习能力，给予学生最大的话语权。课堂教学依托大数据平台，在达到直观、实时反馈的同时还需要实现精准化教学，所以课中环节设计的探索主要围绕分层、交互与精准的目标来设计。在课后，主要是反馈与评价。依托大数据技术，以多元化评价为目标，制订学生个性化的课后巩固方案。另外，支持学生以泛在学习的形式进行课后巩固，利用信息技术的支持，打破学习活动时间与空间界限，让学生能够根据自身情况，自主安排课后巩固的时间。

三、智慧课堂中个性化教学实现的路径

在个性化教学实现过程中，有以下几个关键环节。首先，在课前阶段，其主要环节是个性化学习资源的生成，这种资源的生成是整个个性化教学活动的开始。在个性化学习资源生成中，需要明确此次教学活动的教学内容和教学目标，达到“以学定教”的效果。其次，在课中阶段，其主要环节是分层教学。这种分层逻辑是在信息技术支持下，达到学情分层、目标分层、内容分层以及反馈分层的目的。同层间与不同层次间学生与教师、学生与学生可以进行实时的交流与协作，彼此间的立体化交互有利于学生发散思维，找到自己的兴趣爱好。同时，让课堂中的教学更加精细与准确，是课中教学环节需要达成的目标之一。让个人的学习能力在课堂教学中得到发展是个性化教学的追求，而精细与准确的课堂是实现这一目标的前提。最后，课后阶段的主要环节是设计个性化课后巩固方案，最终实现教师多元化评价与学生泛在化学习。与传统课堂有

区别的是，智慧课堂课后的学习巩固需要学生打破时间与空间的界限，随时随地进行有效的巩固与复习，给予学生更多的学习自主权。现代信息技术也为学生泛在化学习提供了支持条件。另外，多元化评价是个性化教学课后评价的基本原则，从评价的形式与内容上都需要丰富维度，以达到多元化评价的目的。

（一）生成个性化课前学习资源，实现师生分层推送与反馈联结

智慧课堂中个性化教学课前的关键环节主要是课前学习资源的形成，要落实以学定教的教学理念，满足学生的个性化学习需求，形成师生之间的反馈联结。

1. 教师利用智慧课堂交互技术与资源平台达到以学定教和分层设计

（1）课前教学资源的选用与制作。

选用与制作课前教学资源的主要目的是为学生提供课前预习材料。传统课堂中课前教学资源以教材与习题为主，形式较为单一。智慧课堂教学中课前预习的资源形式丰富，教师可选用与制作的资源大致有以下几种形式。

第一，线上优质微课与慕课。“互联网+教育”的发展让线上线下混合教学模式更加成熟与完善，线上资源的获取与使用在教学实践中已经非常普遍。微课作为“互联网+教育”的热门产物，以教学小片段为形式，以随时随地可反复观看为优势，迅速成为课堂教学中的一种重要形式。同时，微课也是课前预习的优质资源之一，其时长较短且视频内容趣味性高、情境性较强，适合学生在课前观看，有利于激发学生的学习兴趣，引发学生的思考。此外，同一教学内容的微课众多，学生能够通过观看不同的视频加深对于此类知识的了解。教师在选用微课时，可以针对学生较为薄弱的教学内容进行选取，为后面的分层推送做好准备。

慕课也是互联网的产物。慕课是指大规模的在线课程，这种在线课程在智慧课堂中能够很好地进行动态生成，例如，学生将慕课中的教学视频作为预习材料，在这种形势下，关于一个知识点，学生可以听到来自全国各地不同教师的不同的教学讲解。在这种差异化教学中，学生对知识点的发散性增强，能够较好地达到预习效果。

第二，选择多种形式的媒体资源进行整合。传统教学过程中除了对教材的预习外，就是一些习题的辅助。在智慧课堂中，媒体资源更多的是对教学内容

情境上的创设，如视频资源、在线的尝试性习题以及知识点的实践应用。这些资源既可以单独地呈现给学生，也可以根据具体的学情进行个性化整合使用。目前许多公司研发的智慧课堂系统，都有科学的整合模板，对情境视频、习题与实践应用等资源的数量都有比例划分，最终将这些统一整合为一个完整的课前预习资源包推送给学生，形成了既多元又系统的课前预习资源。

（2）教学资源的分层推送与学生反馈的接收。

智慧课堂中移动终端技术的成熟，可以支持教师随时随地向学生终端推送资源。这种资源的线上推送是对泛在化学习的支持。泛在化学习强调让教学打破时间与空间的界限，以适应当下知识碎片化的时代。泛在化学习的价值在于其丰富了教学的组织形式，并在教学时间与空间的选择上给了教师与学生很大的自主性，还能根据学生不同的安排与教师教学进度随时随地推送资源，突破了传统课堂的局限性。

分层教学的理念在个性化教学中贯穿始终。在资源推送环节，智慧课堂实现个性化教学的关键在于教师能够对课前预习资源进行分层推送。预习资源的分层推送是整个教学过程中的初次分层推送。在具体操作过程中，初次分层推送一般是根据学生对课前预习资源的偏爱以及对知识点理解的不同需求，将不同的预习资源推送给不同的学生。如针对学习兴趣较弱的学生，可以推送情境性较强的视频资源，以引发学生的学习兴趣；针对探究能力较强的学生，可以推送知识性较强、可探究空间较大的资源，引导学生深入思考。因此，在教师主观意识判断的基础上完成的第一次分层推送，可以形成个性化教学的雏形，为后面的以学定教、定制化教学设计打下基础。分层推送工作后，就是接收学生反馈的环节。传统课堂中，学生预习效果的反馈渠道较为单一，往往是将课中学生的学习效果作为学生预习的反馈，但教师收到反馈时其实已经是在课堂教学进行中了，反馈的时间非常滞后，导致失去了学生预习反馈的价值。智慧课堂中，教师接收学生预习反馈的形式较为多样。首先，基于平台化技术，在平台上与学生进行交流与讨论，如科大讯飞智慧课堂系统中的“班级空间”功能，为师生提供了共享与交互的平台，在教师推送预习资源后，学生可以通过文字、图片与短视频的方式，在班级空间内与教师、同学交流预习后的想法和感受，在交流中，教师可以得到学生预习后的反馈。其次，基于移动终端技术与大数据统计技术，教师可以规定学生统一提交预习反馈的时间，利用大数据技术分析得出数据化的反馈报告。这种反馈形式更加高效便捷，能够直观地反映学生的课前预习情况。

（3）教学设计的分层设计。

课前预习的目的之一是让教师能够更好地以学定教。在传统课堂中，教师更多的是根据教材与主观判断的学情制订教学计划。在智慧课堂中，要想实现个性化教学，就需要落实以学定教的教学理念。

首先，智慧课堂中以学定教理念的落实，需要结合教师的主观判断与信息技术的客观数据分析来明确教学目标。在课前资源分层推送后，依据学生的反馈与教材在知识层面所要达到的目标，基于教师教学经验可以确定此次教学活动的总目标，即全体学生所要达到的共同目标。以总目标为方向，教师再依据学生的数据分析与学生的不同的知识点需求，分层设计教学目标。基于大数据技术，教师可以看到学生通过学习预习资源后的数据化反馈，反馈包括学生对教学内容最感兴趣与最不感兴趣的知识点、能够轻易理解与较难理解的知识点、不同学生在不同知识点上发散思维的数据量，以及一些学生所提出的问题等。依据直观的数据，教师能够对教学内容的重点与难点进行精准把握，安排更加符合学生需要的教学形式，如针对学生兴趣度较低的知识点，教师可以采用情境化教学形式、尝试生动的教学方法等，以便较好地激发学生兴趣；对于学生兴趣较高的知识点，可以采用探究式学习、小组合作学习等，在学生具有探究动力的基础上，进一步深入教学。因此，依托数据反馈，教师能更好地完成教学目标及重点难点与教学形式的确定，实现精准化教学。

其次，在课前预习阶段，教师可以通过移动终端的交互技术进行个性化定制教学。因为环境条件的限制，大部分教学活动都是班级授课制。班级授课制在一定程度上限制了个性化教学，有许多个性化的教学形式在班级授课时往往无法实现，所以许多教师在备课时从这一现实条件出发，考虑不到学生的一些个性化需求。但是基于移动终端技术与互联网交互技术，可以打破这些限制，以实现定制化教学。

2. 学生基于课前平台交流与学习资源提升兴趣并明确需求

学生作为学习的主体是智慧课堂中个性化教学的重要因素。在课前，学生需要进行预习活动。在传统课堂中，学生的预习往往通过课后作业来进行，学生需要独自熟悉教材，加深对所学知识的了解。但是在智慧课堂中，更多的是让学生在熟悉教学内容的基础上明晰自身需求，提升对自身发展需要的明确性。所以，在整个课前预习活动中，学生最终解决的问题只有一个：明确自己在教学活动中需要什么。

（1）通过分享与交流，丰富课前预习资源。

学生在移动终端上接收了教师所推送的预习资源后，在预习过程中，要注意预习资源的动态性与学习性。学生在熟悉预习资源的基础上，可以在“班级空间”等交互平台上分享自己的预习所得，分享与交流的过程也是教学资源动态生成的过程。学生在交互平台上的发言，相较于课堂中的发言，自由性更高、开放度更大，更容易激发学生的学习灵感，这种想法与想法的联结，能够生成一些新的资源，使每个学生都能有属于自己的个性化课前资源。另外，分享与交流的同时，也鼓励学生独立自主地去丰富自身所需要的学习资源，如借助网络查找相关学习资料、主动与其他同学交流学习心得等。这些自主的学习行为能够使学生更加熟悉教学内容，明确了解自身的学习需求，同时还使学生在自主活动中能够发现自己的兴趣所在。所以，这种线上交流、线下自主丰富学习资源的预习模式，能够很好地促进学生的多元化发展。

（2）明确学习需要，反馈预习成果。

学生完成预习活动后，需要在智慧课堂的个人空间中对自己预习后的结果进行记录。对预习结果进行记录的表格一般分为两种：一种是由教师或学生根据学生预习特点自行设计的，主要记录学生的兴趣点与预习中所遇到的问题；另一种是由智慧课堂系统自动生成的，主要是数据化的直观体现。在完成预习结果的记录后，学生不仅需要熟悉教学内容，更应该对教学内容有一个自我认知。这种自我认知体现为学生能够定制适合自己的教学。这是学生在课前环节的一个小结，通过这种形式让学生明确自己的需求，同时依托平台化技术对教师进行即时反馈，帮助师生完成反馈联结，确定教学的目标与内容。

（二）打造分层教学模式，实现师生立体式交互与精准化教学

首先，智慧课堂教学的每一个环节都体现出了立体式交互的特征。无论是教师与学生之间还是学生与学生之间，都是双向的交流与反馈。在传统课堂教学中，教师与学生之间也有沟通，但往往是教师指向学生的单向输出，学生在这个过程中一直处于被动接受的状态。在智慧课堂中，教师与学生的立体式交互体现为教师与学生双向交流，既存在教师指向学生的输出，同时学生也可以

对教师进行反馈。这种双向交流在纵向上也是立体的，教师可以与全班学生交流，可以单独与个别学生交流，也可以与不同层次的学生进行交流与反馈。另外，学生与学生之间的交流增强，既可以在小组内在线下交流合作，也可以小组间在线上进行讨论学习，这种线上线下混合交流的模式，增加了学生与学生间交流的时间、交流的深度。

其次，智慧课堂教学的每一个环节都体现了合理预设，这是个性化教学的特征。智慧课堂中的个性化教学既要实现个性化的“学”，也要包含个性化的“教”。因此，如果预设过多，在整个教学过程中便无法满足学生与教师的一些个性化学习，所以在教学过程中，进行动态化的学习路径设计是智慧课堂实现个性化教学的关键。完成动态化的学习路径与生成性教学，既能体现教师的教学智慧，彰显教师的风格，也可以满足学生之间的发展差异，让每一个学生都能在集体化的班级教学中得到发展。

（三）设计个性化课后巩固方案，完成多元性评价与泛在化学习

1.智慧课堂中个性化课后巩固方案的设计

课后阶段是学生巩固教学内容，进一步理解知识应用以及教师对学生学习活动进行评价的阶段。与传统教学中学生先完成作业进行知识性巩固，教师再批改作业对学生进行评价不同，在智慧课堂中，学生的巩固与教师的评价具有系统性和整体性，没有明显的阶段划分，对课后巩固方案进行统一设计。

（1）实现个性化课后作业的布置。

在传统课堂中，课后作业统一布置，不论哪一个层次的学生，所面对的课后作业均是相同的，作业的同一性与规范化是传统课堂课后作业布置的常态。在班级授课制下，如果教师给每一个学生布置一份适合他们自身的作业，所花费的时间成本与人力成本将会大大提高。但在互联网技术与移动终端交互技术的支持下，教师可以高效便捷地为每一个学生推送一份适合其学情的个性化作业。

（2）促进课后云课堂的搭建。

依托互联网交互技术，云教育已经开始逐步作用于课堂教学。智慧课堂中的云教育主要体现为依托云计算技术，建造云教学平台，辅助教学实践的开展。这一技术在智慧课堂中的运用，为教学活动开拓了第二课堂，可以使教学

活动在课后进行延续，并且搭建这样的平台能够丰富学生的课后学习形式，使其更加多样。

（3）形成课后学生立体化反馈。

在传统课堂中，学生在课后完成作业后得到的反馈仅限于教师对作业的评价，这种反馈使得学生课后巩固的形式较为单一。在智慧课堂中，基于互联网技术的常态化应用以及移动设备的支持，学生可以接收线上线下的立体式反馈，这种多形式反馈有利于学生在反馈中更清晰地描绘自我认知，也使整个教学过程更加丰满。

2. 多元化评价与泛在化学习

课后多元化与个性化评价是教学活动的重要环节，但由于诸多条件的限制，进行多元化的评价似乎只停留在理论层面。智慧课堂由于技术的支持与对个性化教学的追求，在评价主体、评价内容与形式以及教学评价的价值取向等方面，都呈现出了多元化发展。

目前基于互联网的支持，线上与线下混合评价的方式已经能够满足对多元主体的评价，因此，在评价形式上也呈现出了线上线下混合评价的方式，不仅可以在线下对学生、教师进行评价，也可以在线上平台对他们进行评价，同时将评价数据录入数据库，能让数据的分析与技术更加趋于精确。智慧课堂中线上线下混合评价的形式，也有助于过程性评价的落实。

第三节　智慧课堂探究性学习

一、智慧课堂探究性学习的优势

真正的学习是探索认知的过程，在这一过程中，学生应是一个发现者、研究者和探索者。基于智慧课堂的探究性学习，因为融合了现代技术而更具优势，更有实效。

（一）智慧课堂创设良好的探究环境

现代信息技术的融入，打破了教学中的时空界限，让人与人的互动、人与教材的互动、人与数据的互动成为可能，实现了学生个体与个体、个体与小组，以及学生与教师之间的多重对话，为学生探究分享提供了平台。智慧课堂探究式学习模式的教学是一种在信息技术环境中的团队合作学习模式，它依托平台交互系统，借助信息技术媒介开展教学活动。即时反馈系统可以对全班学生在课堂上提出的问题、调查、评价给予回应，平板电脑可以即时上传、展示学习的成果，以可视化的方式记录下探究的结果并与伙伴分享。信息技术的支持，使探究活动能够真正开展且高效完成。

（二）智慧课堂激发学生探究的兴趣

智慧课堂环境中的探究性学习有趣而生动。当下，越来越多的教学软件、平台关注到学生的年龄特征，在系统中设置了丰富而生动的互动模式，以调动学生学习的兴趣。例如，在智慧课堂中，教师启用系统中的抢权功能，学生可以按下遥控器或平板上的按键来抢得作答权。每当教师启动这项功能时，总会看到学生兴奋与专注的神情。再如，在传统课堂上，教师会随机挑学生来答题或发表看法，有时会刻意挑选平时比较少发言的学生。在智慧课堂里，计算机以随机方式挑选号码，每一位学生都有被挑中的机会。除此之外，还设有翻牌挑人、随机挑组、小组计分板等互动形式。在这样充满情趣的课堂中，学生的探究热情被点燃，学习活动成为一种享受、一种愉快的体验。

（三）智慧课堂构建新型探究性学习生态

智慧课堂践行“以学生为中心”的理念，将学习的权利赋予学生，给学生留足自主探究和协作探究的时间与空间。在智慧课堂里，教师的角色发生转变，他们更像是教练，负责拟定学习目标、指导学习方法、观察学习行为、指出学习问题、提示精进之处。学生在“教练”的协助、同伴的互助、平台的辅助中，探索未知、寻求真知。在这样的新型课堂里，知识的获取必须靠学生去探究和发现，而不是靠教师的传授和讲述。因此，科技成了学习活动中的重要支撑。学生依靠科技搜索资料、互动反馈，教师依靠科技进行教学诊断和教学。在技术的帮助下，真正实现了“无缝学习”，打破了时间和空间的界限，使学习成了连贯而持续的探究过程。

二、智慧课堂探究式教学的设计思路

（一）教学目标

智慧课堂中探究式教学设计的关键是“智慧”，逐步促进学生智慧的发展。探究式教学的核心是关注学生智慧的发展。当前课程一般依托三维目标来渗透学生智慧的培养，主要表现为以学生为中心，在教学过程中注重对学生分析问题、解决问题及创新能力的培养。在以学生为主体的教学中，培养学生的问题意识、培养学生积极主动的学习态度，主要包括以下内容。

1.培养问题意识

我国课程改革纲要强调在素质教育以及创新教育理念下，积极倡导培养学生独立自主、协作探究、主动参与的精神，培养学生处理信息、交流合作、分析处理问题的能力以及形成问题意识的能力，最大限度地改变传统的机械、被动接受学习的状况。在智慧课堂中利用探究式教学，提高学生的问题意识，以问题为教学核心。

2.培养积极主动的学习态度

随着新的教学方式、方法以及技术的不断进步，课程改革提出要注重学生学习的积极主动性，让学生自主地去学习。在教学中，在注重引导学生学习知识的同时，要发展学生其他方面的技能，使之形成正确的价值观，强调理论联系实际，将书本内容与实践相联系，培养学生积极主动的学习态度。因此，在智慧课堂教学中也要更关注学生学习的动机，培养学生学习的兴趣，让他们在自主、协作和探究活动中掌握基础知识和技能，还要激发他们学习的积极性和主动性。

（二）技术条件

随着教育信息化的迅猛发展，技术素养成为适应时代生存发展的必备素养，它有助于创设和维护新型的学习生态环境。在教学方面，技术的支持作用日益凸显，有些教学活动只有在技术的支持下才能顺利实施。“教学要顺应技术的发展”“技术要服务于教学的需要”是两大主要观点。技术与教学应达到高度的适切与统一，技术应与学生的智慧学习活动高度适切，从而促进学生智慧的生发。在智慧课堂中，支持探究式教学发展的技术条件主要有基础设施、资源和工具等。

1.基础设施：促进学生智慧生发的常规交互环境

基础设施主要指的是硬件技术装备和网络等。进行探究式教学的基础设施主要为常规交互环境，智慧课堂主要在多媒体网络教室展开。从技术的隐喻方面看，是将物化技术和智能技术相结合，使其更有效地促进学生智慧的生发。物化技术主要是指解决实际问题或完成现实任务所使用的工具和设备，如计算机、媒体、网络等硬件设备，而智能技术则是指解决实际问题或完成现实任务所使用的方法、策略、技巧等。多媒体网络教室就是把计算机、多媒体以及网络技术和现代教学方法相互结合的辅助教学系统。通常的多媒体网络教室是通过一台教师机、多台学生机组建的局域网实现的，由学生独立操作计算机，共享各种软件。多媒体网络教室可提供多种网络化的教学环境，能够帮助教师有效利用教材，进行多元化教学，使学生在有效的教学模式下通过自主、合作、探究的方式参与教学活动，从而实现真正意义上促进学生智慧生发、全面发展。多媒体教室的主要功能有演示、语音教学、电子举手、电子监控、屏幕录制回放、个别辅导答疑、小组讨论、自主练习和网络共享等。

多媒体网络教室利用可共享、多元化的网络环境，在技术支持下构建形象化问题情境，营造技术支持的智慧场，促进学生主动观察、想象、分析与思考，激发学生的创新、创造火花，挖掘与发展学生的智慧潜力。其各功能的结合可使师生交流和生生交流更加灵活高效，即在交互环境中充分调动学生的积极性、主动性，开启智慧能力、解决智慧问题、开展智慧活动，并通过学生自评、生生互评与综合评价结合的方式，更好地提升学习效果，更好地促进学生智慧的生发。

2.资源：提供促进学生智慧生发所需的资源

学与教的资源是有效开展教学的重要载体。在教育、教学活动中，资源主要指教学、学习资源。随着多媒体网络技术在教育教学中的应用，数字化资源应运而生。进行探究式教学的资源包括提高学生学习积极性的纸质资源以及促进学生创新思维的数字化网络资源。数字化网络资源的形式主要涉及数字音频、视频、多媒体软件、网站、在线学习管理系统、数据文件和数据库等。在多媒体网络环境中，数字化网络资源是指在多媒体网络环境中运行的多媒体材料，包括帮助学生理解和解决问题的专题资源、信息资源，以及为学生解决问题提供示范或经验参考的相关案例及案例库等，能够帮助学生通过自主、合作、创新的方式去处理信息和解决问题。

智慧课堂的教与学中将纸质资源与数字化资源相结合，有利于改进教学方法，优化教学效果。教师可以通过调研相关的优秀课堂教学案例来帮助学生进行自主探究。在良好的多媒体网络环境下，借助数字化网络教学资源，能够激发学生的主动性、创造性，促进学生多元智力的平衡发展，利用网络对知识建构，培养学生的创新精神，促进学生的智慧生发。

3. 工具：支持学生问题解决

技术能够促进学生进行有效学习，能够有效地支持学生的自主探究学习。技术可以作为学习工具，强调在技术中学习的同时更强调用技术学习。在多媒体网络环境中，主要是把信息技术作为学习的工具，包括情境工具、认知工具、信息工具、交流工具以及评价工具等。其中，情境工具的作用为创设情境，支持学生自主探究，在做中学；认知工具是促使学生参与并辅助特定认知过程的工具；信息工具为学生提供大量的信息资源，支持学生在资源建构中学习；交流工具是支持师生、生生协作交流的工具；评价工具能够根据学生个性化差异，记录学习过程，展示学生作品，帮助学生进行自我反思。情境工具主要是通过多媒体呈现的文字、图片、视频等创建学习情境；认知工具主要包括思维导图在内的外置认知工具，加深学生对知识的认知；多媒体计算机本身作为信息工具，为师生提供大量的信息资源，促进学生进行探究学习；多媒体计算机的电子举手、演示以及语音教学等功能为师生交流提供便利，能够促进教师更好地发现学生存在的问题，提升其学习的积极性；通过电子监控、屏幕录制回放以及个别辅导答疑等评价工具能更好地展现学生的个体差异性，进行学习评价。技术作为教学工具，能够提升学生学习的积极性，提高学生的创造性思维能力和问题解决能力，发展学生的智慧。

（三）活动程序设计

问题是智慧的起点，因此，智慧课堂是基于问题的探究式教学，并且问题应该是真实、复杂的。复杂的问题是基于并且高于学生现有认知水平，需要通过比较、分析、判断、推理等层面的探究活动才能得到顺利解决的问题。在教育理论的指导下，科学探究的基本程序为提出问题—猜想假设—制订计划—获取事实证据—检验评价—表达与交流。智慧课堂探究式教学结合探究教学的一般过程和多媒体网络教室环境的特点，并遵照其教学设计原则，关注学生智慧发展，以培养创新创造性思维能力为目标，强调学生问题意识、学习积极性和主动性的培养，以促进学生智慧生发为最终目的，初步设计出多媒体网络教室中的以学生自主探究、合作学习为主线的探究式教学。

1. 引出问题

在多媒体网络环境下的探究式教学中，问题是贯穿始终的课堂线索。教学以引出问题开始，以解决问题、交流提升、完成创新结束。对于“引出问题”这一过程，需要创设具体的问题情境，创设的情境要以现实生活的具体问题作为探究对象，不仅能够调动学生学习的积极性，还有利于学生将理论应用于实践。总体来说，学生在具体情境中，主动思考、归因问题，以期使课堂效果最优化。

在多媒体网络教室环境中，教师可以利用广播和网络等基础设备，采用课件、电影等形式创设智慧问题情境，以便更好地引出问题，调动学生思考的积极主动性。其中，问题情境涉及真实的问题情境、虚拟的问题情境以及真实与虚拟相结合的问题情境。真实的问题情境是建构主义学习理论所强调的，是意义建构的必要前提。多媒体网络技术是创设真实情境的有效工具，学生置身其中，其联想思维得到激发，创新创造思维得到拓展。同样地，虚拟情境也是必不可少的，学生在虚拟情境中，能够将两个或多个本不相关的概念进行联系、融合，引导其从单一思维向多向思维拓展，极大地提高了其创新思维能力。无论是真实情境还是虚拟情境都不同程度地促进了学生创新创造思维能力的培养，而进一步将两种情境相结合，增加情境的多样性，能够提高学生创新创造、智慧能力。作为教学设计的最重要内容之一，多媒体技术是创设真实问题情境的有效工具，其与仿真技术结合，创设的情境效果更加逼真。

2. 提出问题

相应的情境被创设之后，就需要提出问题，尤其是促进学生智慧生发的问题。在提出问题这一环节，学生是主体，教师是指导者，这与建构主义的学生观是一致的。在多媒体网络教室，教师可为学生提出相应的探究问题，学生在教师创设的条件下理解与内化问题，更好地提高自己的创新能力。

在这一环节，多媒体既是呈现工具，又是引导学生学习的工具。作为呈现工具，多媒体呈现教学内容，能够使学生准确理解教师的授课意图，是师生间和谐、有效的沟通桥梁；作为引导工具，多媒体提供的丰富教学资源在计算机操作的引导下，能够产生良好的教学效果，能够引导学生主动发现问题、分析问题、解决问题。

3. 猜想假设

有了问题之后，根据需要，应充分利用多媒体网络教室中的网络环境以及各项功能，对问题进行分析、设想，提出假设。

在这个环节中，教师应提供适当的帮助和指导，利用思维导图、概念图等外置思维工具支持学生进行问题分析，引导学生进行猜想假设。组织探究活动时，教师是学生的指导者，应该鼓励学生思考、探讨、交流，学生在网络中收集有用的资料，积极、主动地探索问题，同学之间分享假设、共同交流。通过这一环节，提高学生的推理、判断能力和创新思维能力，促进学生智慧能力的发展。

4. 探究问题

对问题进行猜想假设后，需要针对问题提出探究思路，进行探究。考验学生是否主动学习、其综合素质如何的途径之一就是探究问题。在探究问题这一环节，涉及探究什么、怎么探究、探究的时间以及探究的目的等诸多内容。从教师角度分析，首先，教师需要选择适合的认知工具，创设具体的教学情境，提供丰富的学习资源；其次，教师需要在提供各种资源的同时提供指导，帮助学生制订并改进探究计划。从学生角度分析，学生在教师的指导与帮助下，提出探究思路、制订探究计划并不断改进，在探究问题过程中观察、讨论及记录数据，以检验开始的猜想假设是否正确，最终在多媒体网络教室环境下对教学问题进行独立和小组合作探究。

在此环节，多媒体计算机主要起到分享、记录的作用，即及时地分享学生的探究成果、记录学生的探究进度等。多媒体计算机能够提供工具和信息资源，在学生自主、协作探究过程中，计算机能够提供、支持学生所需要的学习工具，同时学生也可通过多媒体网络访问网络资源，展开探究，完成探究活动。计算机也能实时记录数据，通过计算机上的数据记录工具，能够及时地收集学生在探究过程中产生的大量的数据，教师和学生可根据已有数据及时调整活动。

在进行问题探究时，学生能够真正参与到问题的探究活动中，对问题进行分析、提出自己的看法并实践自己对问题的想法。

5.解决问题

学生在前面的探究过程中，掌握了丰富的数据，随后需要根据探究过程中分析得到的数据去解决问题。在这一环节，师生共同解决问题，为交流互动与整合创新做铺垫。首先，教师指导学生进行个人或分组学习，为学生提供个别化学习和辅导支持，学生可利用分组讨论、电子论坛等实现交流。其次，学生在教师的指导下相互讨论、共同协作，根据数据结果进行信息筛选，从而找到问题的解决办法，得出结论。学生将得到的结果通过电子邮件、多媒体提交功能或者网络共享进行展示，与教师和其他同学交流、分享。通过解决问题这一环节，学生在提出解决问题的策略和方法时真正获得问题解决的能力，培养其创新能力，充分促进其智慧能力的开发。其中，教师的教育智慧和学生的想象力、创造力是必不可少的。教师教育智慧体现在教师在进行教学时能够处理突发事件。学生想象力、创造力的培养与提高需要多媒体网络教室这种开放的、相对宽松的环境，这样的环境能够有效促进学生想象力、创造力的培养与提高。在问题解决的过程中，与人本主义所倡导的潜能观、自我实现观、创造观等相互契合，学生的学习兴趣、创造潜能等得到激发，学生的智慧得到启迪，学生自我得到了实现。

6.交流互动与整合创新

在教师的指导下，学生的任务得以完成，但是，课程的学习并不止步于此，课程任务还没有结束。实现整合提升、创新发展以及思维拓展，提高学生学习的积极性、主动性，激发学生的问题意识以及促进学生创造性思维能力的发展是探究式教学的目的。这一环节主要通过教师评价，学生互评、自评、反思等方式来实现师生、生生间的交流互动及整合创新。在多元智能理论的指导下，教师关注的是学生各种智能类型的差异，注重学生学习过程。依靠多媒体网络条件，教师可以为学生提供有利于思维拓展的情景，发挥学生优势智能，促进学生多方面智能的发展，实现“智”教“慧”学。

第四节 智慧课堂合作性学习

一、智慧课堂合作性学习的含义

智慧课堂合作性学习是指学生为了完成共同的任务，有明确责任分工的互助性学习。合作学习促进学生之间的相互交流、共同发展，促进师生教学相长，在完成共同任务的过程中实现目标。在课堂教学的合作学习中，学生不能盲目、随意、放任自流，为合作而合作，使合作学习流于形式，而是应该有目的地合作，在与他人的合作交流中解决问题。教师应当从明确合作学习任务、把握合作学习时机、加强合作学习指导、实施合作学习监控、注重合作学习评价等方面入手，促进学生有效地合作学习。

（一）在自主探究中敢于合作

表演式合作学习，即通过表演的形式激发学生的学习兴趣，培养学生自主探究的学习品质，或作为课堂的小结形式检验学生对所学知识的理解。结合不同的教学内容，在教师引导下，每一个学生都能在表演式合作学习过程中充分发挥自身优势，展现自我，帮助他人，相互学习，以期达到合作小组共同进步的效果。这样的合作学习能够有效地调动每一个学生参与的积极性，而不会使小组合作活动流于形式。这样的合作学习真正做到了使每一位同学都能在自身基础上得到发展。

（二）在分工协作中学习合作

探究式合作学习是让学生以小组的形式对某一内容进行讨论、研究、实践，小组成员要明确分工，各尽其责，合作完成任务。教师在这样的过程中实施自我教育，帮助学生有效地完成学习任务。分工合作既能在探究、合作中确保教学的有效性，培养学生科学严谨的态度，又能让学生在合作过程中体会到每一个成员在合作中起到的重要作用；不但能培养学生的合作意识，还能提高他们的探究、创新、评述能力。教师把合作、探究的机会留给学生，学生从中体验到了平等、民主、尊重、信任和理解，从而形成了积极的学习态度。

（三）在学科整合中合作学习

学科式合作学习是指将几门学科整合起来开展合作学习。生动有趣的活动形式可以激发学生学习的热情，达到寓教于乐的目的。学科式合作学习通过小组合作学习、引导主动探究与发现、自由讨论与交流等方法的合理运用和组合，培养学生参与活动的兴趣、合作的兴趣、创造的兴趣。

二、智慧课堂合作性学习的教学设计

（一）教学准备

智慧课堂下合作性学习的教学准备阶段主要包括教学环境分析、学生特征分析、教学内容分析、教学目标分析、教学策略分析、教学资源分析等方面。

1.教学环境分析

智慧课堂环境中的教学工具，硬件要有教师使用的终端设备（教师端）、学生使用的 iPad 设备（学生端），教室中还需要带有交互功能的白板设备等。除此之外，智慧课堂环境应色彩搭配合理，温度、湿度适宜。灯光、温度、湿度、气味等物理环境也是智慧课堂环境的重要组成部分，虽然这些因素不直接参与教学活动，但为教学活动的高效开展提供了有力保障。

2.学生特征分析

课堂设计的最终目的是有效促进学生的学习，在进行教学设计时，一定要对学生进行分析。智慧课堂教学设计要把与学生的特征相适应作为一个基本要求。一般的学生特征分析包括三个方面：一是一般特征分析，即分析学生的年龄、性别、心理发展水平、学习动机等；二是个性差异分析，即分析学生对学习内容的学习兴趣、认知方式、学习风格等；三是初始知识和能力分析，即对学生已经具备的相关知识和技能，以及对相关内容的认识和态度等进行分析。智慧课堂为开展学生特征分析提供了极为方便的信息化平台，教师可以利用信息化平台为每个学生建立学习档案和学生特征档案，从而为制订有效的教学方案提供依据。

3. 教学内容分析

教师通过教学内容分析，可以明确学生学习内容的范围，从而有针对性地选择课堂设计的内容。因此，教师在进行教学设计时，要充分考虑学生的学习特点和心理特点，结合实际的教学需求，灵活地选择教材内容，突出教学内容的重点、难点。

在智慧课堂进行教学时，可以利用智慧课堂的信息技术创设真实的、与学生学习生活相关的情境。比如，利用交互式电子白板将教学内容以动态的、逼真的图片、对话或者故事的形式展示出来。教师还可以用游戏或者角色扮演等方式让学生完成学习任务，激发学生的学习兴趣。

4. 教学目标分析

教学目标指向教学的预期成果，它为学生的学习指明了方向，而且教学目标的达成可以激发师生的教学和学习热情，能有效提高教学效率。教学目标必须能够体现促进学生发展这一根本性的教育目的，必须落实我国学生发展的核心素养这一目标体系。因此，智慧课堂教学应该将教改、课改放在信息化的背景下进行设计和推进。教学目标的设计除了要考虑三维目标，还应该结合当代社会需求，融入学科核心素养，强调信息技术的应用，从而解决教学中实际出现的问题。

5. 教学策略分析

智慧课堂的教学策略是在智慧教育理念指导下的教学策略。与传统教学策略不同的是，智慧课堂教学策略能充分利用信息技术的优势和特点。情境启发策略、个性化学习策略、合作学习策略、分层教学策略等几种教学策略适用于智慧课堂，教师可以根据实际需要选择运用各种策略，开展有效教学。为了更好地解决教学中的问题、提升教学效率，在设计智慧课堂的教学策略时，应该聚焦课堂教学的问题，达成课堂教学目标，合理地运用媒体和技术，既要切合实际有效落地，又要突出技术优势，解决传统教学中无法克服的弊端。

6. 教学资源分析

教学资源是指能够为学习活动有效开展而提供的各种素材及支持条件。智慧课堂中有大量丰富的资源，如微课视频、音频、图片、电子教材、教学云平台、教师和学生使用的控制端及移动端设备等。因此，教师要根据教学内容、教学目标选择合适的资源推送给学生。在智慧课堂小组合作学习中，教学资源可以是学习任务单、微课程资源、多媒体资源，也可以是小组学习活动后相互交流的想法等，学生通过学习这些资源在一定程度上培养自主学习能力。

（二）课堂教学

智慧课堂教学过程就是在教学理念的指导下，将教学内容、师生活动、信息技术运用等有机组织起来。课堂教学部分分为课前、课中、课后三个阶段。

1. 课前阶段

课前活动：自主预习，了解学习内容。课前阶段以学生自主学习为主。教师在课前备课的阶段，可以根据教学内容给学生发布一些与本节课内容相关的视频资料，提前让学生了解教学内容从而产生学习兴趣，还可以给学生发布预习内容，教师再根据预习内容设计相应的检测题，通过教学平台发布给学生。学生在课前阶段的学习活动主要是通过学习教师共享的资源来完成教师布置的预习任务。

2. 课中阶段

课堂活动：小组合作交流互动，完成知识的内化、吸收。课中阶段是进行小组合作的最重要的部分，教师需要设计丰富的教学活动。在上课之前教师要通过智慧课堂平台对学生进行分组，选好小组长。课堂中的小组合作主要通过学生与教师合作交互、学生与学生合作交互、学生与媒体合作交互以及小组与小组合作交互来进行，该阶段是以学生为中心、以教师为辅助进行教学。课堂中小组的合作学习都是基于智慧课堂教学平台进行的。

（1）学生与教师合作交互。

在智慧课堂中，学生与教师的合作主要体现在情境导入、创设情境、抛出问题等课堂环节。开始上课时，教师可以通过智慧课堂平台播放歌曲、观看视频等方式进行情境的导入，同时，教师可以根据教学内容创设出符合教学主题的学习情境，并在情境中抛出问题，为学生在学习的过程中提供支撑，并在此过程中引导学生主动学习。

（2）学生与学生合作交互。

在智慧课堂中，学生与学生的合作交互主要体现在小组内的交流学习中。教师发布小组合作学习任务，每个小组根据教师要求自主分配学习任务。在这个学习过程中，小组内部要进行职责分工，组长、组员分别完成自己的工作任务，组长要进行监督、控制时间等。在学生与学生合作学习的过程中，学生是学习的主体，而教师要关注每个小组的学习状态，在必要时提供指导和帮助。

（3）学生与媒体合作交互。

在智慧课堂中，学生与媒体的合作交互主要表现为学生与平板电脑、交互式电子白板以及教学平台之间的合作交互。学生与平板电脑的合作贯穿整个教学过程，教师在课堂上发布的学习资源和学习任务都是通过智慧课堂平台发送到学生的平板电脑上。在进行书本内容学习时，教师可以利用交互式电子白板展示互动课本，学生可以点击电子课本的音频来学习。学生与教学平台的合作还表现在线上上课、线下完成预习任务和作业。

（4）小组与小组合作交互。

小组与小组的合作交互是通过小组之间合作完成一个大的项目或者是同学之间相互探究完成某一问题。教师利用教学活动让学生进行小组之间的合作。

3. 课后阶段

课后梳理：合作巩固新知，完善知识框架。在这个环节，教师引导学生对学习活动的过程进行回顾，要求小组之间交流互动，巩固新知。教师可以基于智慧课堂信息化平台开展拓展性学习和个性化学习，通过布置作业帮助学生完善知识框架，选择一些课外学习资源推送给学生，并通过设计交际性活动让学生把习得的知识进一步运用到生活中，培养学生的实践能力。

（三）教学评价

在智慧课堂教学实践中，应坚持教学评价、教学目标与教学方式的变化相适应，外部评价与自我评价相结合，强调自我评价和自我反思；坚持选拔性评价与发展性评价相结合，重在发展性评价，注重评价学生的综合素质和学科核心素养发展。智慧课堂教学评价设计要突出全过程学习诊断与评价，把结果性评价与过程性评价结合起来，针对教学实施和改进的需要，基于信息技术的支持，对全过程学习评价进行设计，包括课前预习测评、课堂提问、书面测试、合作完成作品等评价方式。在评价方法和手段上，除了传统的评价工具，如试卷、问卷调查表、观察表等工具外，还应积极采用量规、表现式评定等评价方式和工具。智慧课堂教学评价设计要强调自我评价和反思。在大数据背景下，智慧课堂可以采用大数据、人工智能以及云计算等技术，对学生进行智能化、多维度、多方式的评价。

三、智慧课堂合作性学习的实施策略

（一）构建稳定智慧学习环境，丰富学习资源获取途径

智慧教育环境是智慧教育的第一境界。稳定的网络环境是保证智慧课堂学习环境的前提，做好校企共管下的优质网络保障是基础。首先，智慧课堂环境下的合作学习模式要求校方在做好网络环境保障工作的基础上，由企业负责网络微云服务器的升级完善，确保学习环境的顺畅和稳定。其次，智慧教育创新发展行动将数字化教育资源建设作为重点之一，智慧课堂强调学习方式的多元化，强调满足学生自主、个性化和泛在学习需求，这就对学生学习资源的选择和推送有了更高的要求。扩大学生个性化学习资源可采取以下三种途径：第一，增加学生学习资源的获取途径，除传统的教师推送外，应适当开放网络环境，鼓励学生自主下载，加强资源共建、共享；第二，丰富企业自身资源内容，优化设备助学功能；第三，整合建立以学校为单位的资源库，打造本土个性化资源建设。

（二）培养教师教学设计思维，重构课堂教学价值观

为适应技术与教学的融合式创新，教师不仅需要整合技术应用的信息化教学能力，还需要一种指向复杂教学问题解决的设计思维。教师设计思维的关键在于，如何通过创造、开发和使用新的知识框架来解决他们在教学中面对的问题。智慧课堂中，教师面临对当前新型教学模式设计无从下手、转变自身角色难等困境。解决途径如下：第一，选派骨干教师参加各类教学设计课程培训，不断学习、培养教师设计思维；第二，搭建智慧课堂教学技能大赛平台，完善教学创新激励机制，推出校园典型优课，以评促新，调动教师教学创新积极性；第三，各教育集团联合培养种子型、专家型教师，让新手教师与专家型教师一起工作，利用“老带新”模式，通过课堂观察和反思来发展新手教师设计思维；第四，积极转变教师教学理念，提高教师自身教学模式创新的主动性，转变教师主导地位角色。

（三）培养学生自我效能感，提高自主学习能力

智慧课堂合作学习模式要在遵循学生自主差异的基础上，使学生通过合作共同完成学习任务，这一过程对学生学习主动性、自主性要求更高。自主学习能力受到外部环境因素和学生自身因素的影响，自我效能感是学生自身因素的重要表现，它能显著预测自主学习效果，因此，尊重学生个性差异，提高学生自我效能感至关重要。解决方法具体包括两点：第一，教师教学设计应为学生提供自主学习、分析、加工信息的机会，并将学习权、主动权和话语权交还给学生，进一步提高学生的自我效能感，让学生通过交流合作不断经历思维的激荡、智慧分享，最终形成团队意识；第二，教师要了解学生已有知识水平，注意新旧知识的衔接，调动学生的学习积极性，发掘学生潜能，进而提高学生的自主学习能力。

第五章　智慧课堂的关键技术与手段

第一节　大数据课堂教学应用

大数据，简而言之，即大量数据和海量数据。早在19世纪中期，人们就开始对数据进行量化。随着信息社会的发展，计算机网络技术被应用到我们的日常生活中。信息化深入建设，信息化大数据概念也更加突出，并应用于课程建设。对大数据支撑下的海量电子数据进行科学整合，取得丰硕的成果。大数据是在网络发展中产生的，不同的字段对数据有不同的需求。大数据容量大、速度快、多样性和高价值的优势已经得到了认同。大数据技术实现对海量数据价值的有效挖掘，以计算机为运营载体，采用分布式计算架构、云计算分布式处理技术、分布式数据库与云存储、虚拟化技术。借助大数据的整合分析，能够为数据管理提供科学的指导。近年来，随着大数据成为互联网信息技术行业的热门词语，教育逐渐成为大数据发挥作用的重要应用领域，大数据将给教育带来革命性的变化。

一、大数据在课堂教学中的应用意义

大数据行为分析的最终目标是提高学生的学习成绩。通过对大数据的分析，可以发现一些平时被忽略的信息，并利用它们提供个性化的服务来提高学生的成绩。大数据在技术层面评估和分析学生的行为，加强教学活动。教师不再仅仅依靠经验来评估，而是基于数据进行分析，改变了单纯依靠主观的看法或经验主义进行教学设计的情况。通过大量的数据汇总，教师可以发现教学活动的规律，从而更好地完善和优化教学过程。通过探究学生行为与变化之间的内在关系，探究学生内在的特征，有助于提高学生的学习成绩。

在大数据时代，教育研究者可以真正接近学生、了解学生。通过对即时行为和现象的记录，可以获得强大的大数据信息。在这些真实、个性化的学生信息的基础上，教师可以有针对性地教导学生，真正做到以学生为中心，通过探究课堂学习的过程，了解学生的学习情况。这不仅减轻了学生的学习负担，也使高效学习成为可能。通过数据挖掘和学习分析，教师在获取学生信息后，及时调整学习策略，改变教育管理模式。传统教育主要是由教育部门和教育者通

过教学经验的学习、总结和传承来进行的。然而，一些经验是不科学的，一些常识也经常影响人们的判断。在大数据时代，如果我们想要制定更现实的教育政策和教学策略，最好的方法就是分析教育数据。我们可以根据学生的实际情况和实际教学情况，挖掘出最深入的数据，然后有针对性地培养学生。

二、课堂应用中的大数据挑战

虽然经过一系列的教育改革，但当前教学形式仍然是以课堂教学和小组教学为主。大数据的应用使课堂教学的时间和空间不再受到限制，将传统的一对多的教学模式转变为一对一的个性化课程。学生可以使用互联网媒体，如随时随地使用智能手机，网络教学日益成为课堂教学的重要组成部分。然而网络教学也存在不足之处，如容易转移学生的学习注意力，使学生不能再继续认真听讲，导致学习效率降低，学生的自律性也会受到影响，这是网上学习的一大问题。虽然大数据应用可以让学生在线做试题，并与教师在线互动，但缺乏纪律性约束，对于缺乏自制力的学生来说，这种学习方式可能会变成懒惰的庇护所。在今天的大数据应用中，各个教育机构都推出了自己的线上学习平台，但是如果后期的服务跟不上，就会使得这些优秀的数据资源被浪费。

随着大数据教育的发展，互联网为学生提供了大量的学习资源，为学生回答问题提供了便利。传统的课堂教授需要一个过程，这会导致知识点更新滞后，难以适应社会发展需求的变化，导致学生学习脱离现实的内容。虽然教师在课堂教学过程中不断更新教学内容以满足学生对知识的需求，但教师知识更新的速度仍然赶不上大数据时代的冲击。教师在课堂上经常遇到教学内容与最新研究成果相矛盾的情况，所提供的知识与学生的实际年龄不相符，所提供的知识与学生的实际理解和熟练程度不一致，使得教师面临尴尬的局面。大数据给传统的课堂教学内容带来了更多的挑战，这就要求教学内容要与时俱进，适应时代的发展。

三、大数据环境下教学创新的应用策略

（一）培养学生思维多样性

大数据时代社会环境发生了变化，环境的变化导致了思维倾向的多样化。大数据技术打破了原有的时空局限，使社会价值更加趋向多元化。另外，大数

据思维也实现了课程建设的自主应用。大数据挖掘技术与课程内容相结合，运用数据思维实现了对学生的个性化教学和培训。在线学习系统为学生指明学习方向，制订具体的个性化学习计划。大数据支持系统对学生个人发展进行评估，并对结果进行分析，从而生成优秀的课程。学校可以根据教学反馈整合数据、预测课程的实施情况，为学生提供更专业、更有针对性的课程列表。

（二）网络教学载体多样化

大数据环境中网络教学载体更加多样化。传统的课程教学转变为课堂教学和课外网络教学的补充。笔记本电脑、智能手机、自主学习机等教学载体通过移动终端设备引导学习，实现师生之间的无障碍交流，带给课程教学一定的广度和深度。因此，课程建设应充分发挥多媒体教学模式的优势，在完善教学基本条件的前提下，鼓励教师创新课程教学模式。教师可以通过图片、音频、视频等形式呈现相关教学资料，多样化的教学工具及丰富的教学资源有利于学生思维能力、想象力和信息技术素养的提高。另外，多媒体大数据网络教学平台也成为师生课堂交流互动的载体。学生可以在平台上分享学习中的困惑，教师解答困惑并提供个性化的答案。教师还可以分享最新的课程知识和研究信息，让学生得到有效的学习指导，拓宽学习视野。大数据环境也对教学方法的创新提出了具体要求。如何在大数据时代抓住学生的注意力，调动学生探索课程的积极性，是教师关注学生学习体验、创新教学方法的关键。在课程建设中，教师可以尝试案例教学法、情景模拟法、小组合作探究法等，灵活运用各种教学方法，激发学生对课程的兴趣，让学生交流表达、组织协调、研究问题、解决问题，充分发挥自身的主动性，真正参与课程学习。

（三）信息服务平台的建设

大数据在课程中的创新应用主要体现在信息服务平台的建设上。在课程教学中引入大数据理论和技术，需要建立信息服务平台，收集和组织课程信息，然后基于数据分析课程实施的发展，发布课程教学信息，实现信息共享。平台为学生提供更全面的信息集成和检索服务。利用大数据建立信息化教学服务平台，在大数据环境中收集课程信息、课程市场应用和课程项目，可以确保数据的完整性和准确性。对数据和信息进行综合分析、汇总，利用大数据对信息进行过滤和整合，积极收集教学相关数据，可以为课程改革和课程调整提供数据指导。信息服务平台作为后期检索的数据源，可以最大限度地保证数据系统的完整性和真实性，保证数据信息的及时性和有效性。因此，教学信息服务平台必须定期更新数据，根据学生发展动态对课程内容和系统做出具体调整和规划，以平台为载体，建立完善的课程建设服务网站，运用大数据技术指导课程优化。

第二节　云平台智慧教学系统

一、云平台智慧教学系统的含义

随着现代信息技术的不断发展，特别是云计算、物联网技术的兴起，现代课堂教学在教育形式、教学方法、学习方式上都在发生着前所未有的变化。云平台智慧教学系统将云计算、物联网技术和教学完美地结合起来，改变了以往以教师讲授为主的单一课堂教学模式，为教育带来了新的机遇。

云平台智慧教学系统将整合先进的云计算技术、物联网技术、移动学习技术，集“云”“场”“端”服务于一体，提高学生、教师、教室的互联度，在实现现场展示及资源与精品课程在云端自动存储的同时，还将录制的精品课程自动碎片化为 PPT 课件，通过微信端进行传播，有效提高了学校精品课程建设和传播的效率，促进学校微粉丝的聚集和品牌形象的树立。此外，云平台智慧教学系统能够充分依托信息技术环境和手段，改善传统教学模式，切实做到为教师和学生提供丰富的教学资源，满足差异化学习需求，促进教育均衡发展。同时，教育信息化的实施，能够实现“随时随地、快速学习”，有效提高学生的学习效率，实现教师教学工作的科学性、灵活性、高效性。

二、云平台智慧教学系统的作用

（一）提高教育信息化水平，促进教学信息化

在学校，课堂教学环节是学生接受系统教育最重要的一环，是教育的核心环节。做好教学互动环节，是提高教学质量和水平的关键。云平台智慧教学系统将教学从“粉笔 + 黑板”或“PPT+ 电子白板”的传统教学模式中解放出来，

借助技术的优势，实现翻转课堂、个性化教学，课程资源可实现自动录播和自动分发，有效促使教师迅速转变教学理念和教学习惯，将其创新性地应用于教学，促进学科与信息技术的深度融合，促进学科的信息化。云平台智慧教学系统在教学领域开创性地采用了云教育技术、多屏互动技术、移动终端技术等高科技手段，创新性地应用崭新的教学模式、学习模式、学科研究模式等，占尽了先机。该技术成熟后，再组织示范应用，并进行区域推广，成就学校、学院教育整体水平的跨越式发展。

（二）促进教学研究，提高教学效率

云平台智慧教学系统有助于教学规范化及标准化，能够减轻教师的教学负担，提升教师的教学效率，提高学生的学习效率。云平台智慧教学系统利用先进的互联网技术，将考前评测、阶段性考核、日常作业与练习等纳入信息化系统，系统实现自动出题、阅卷、提供个性化解析及学习建议，作为教师课堂教学的有益补充，大大减轻教师的工作负担。同时，全面的数据统计与分析将为教师研究教学、制订教学计划等提供有效的数据基础，从而提高教师的教学水平。

（三）开启并加速精品课程的录制与微传播

云平台智慧教学系统改变了传统教育的弊端。它具备智慧录播功能，能有效促进学校各学科精品课程的录制。在教师课堂授课的同时，智慧教学系统能将教学精品课程进行实时录制，不仅会录制教师教学、学生学习的现场视频，同时还会保留教学课件等信息，保证教学流程和教学内容被完整记录。这样完整的教学内容才是学生需要的，能让学生感受到原汁原味的课堂学习氛围。还可以结合其他设备，将这些精品课程合理保存，积聚成为学校的知识储备，同时对外有效传播，让更多的学生得以获益，发挥其更大的价值。此外，课程资源建设系统对课堂现场的同步录制，不需要进行烦冗的二次编辑或者格式转换，就可立即上传云端，用户在云平台中可实时观看，并进行课后的复习及分享，有效完善学校精品课程的建设，扩大课程的影响力和微传播的效率，对于学校“微粉丝”的聚集、国际品牌的设立及传播也将起到很大的促进作用。

（四）开展未来教学大数据的收集与应用

随着大数据时代的来临，教育大数据深刻改变着教育的理念与方法。传统

的教学模式不具备收集大数据的条件，传统的备课模式、课堂教学模式、复习作业及评测模式缺乏相应的条件和收集渠道，很容易造成大量的师生数据信息流失。如今，云教育技术、移动互联网技术的成熟，可从根本上改变教学数据的收集方式。

例如，在汉语国际教育云平台智慧教学系统中，学生与教师的一言一行都可以转化为数据。学生使用终端设备学习、测试、做作业，都将成为未来大数据的来源。云平台智慧教学系统既支持教师应用云平台题库、作业库、资源库及相关 HSK 试题进行教学，也能将教师在教学过程中利用智慧教学系统录制的大量精品课程即时碎片化上传至云平台中。它可通过平台学习、转发及管理，实现网络教学资源建设，促进教学资源的生产、存储、传播的良性循环。

智慧教学系统集互动教学、智慧录播、移动在线教学于一体，通过集"云""场""端"服务于一体的信息化手段实现网络教学资源建设，形成的教学资源可即时碎片化上传到云端存储，再通过平台进行共享，方便教师利用信息化手段开展启发式、探究式、讨论式、参与式教学，建立以学生为主体的教学模式，提高教学水平，同时，为学生搭建利用信息手段自主学习的环境，满足个性化学习需求。

三、智慧教学系统实践案例——"一平三端"

"一平三端"智慧教学系统是由超星集团有限公司于 2018 年推出的一项教育技术。"一平三端"智慧教学系统是在不增加学校设施投入及教师教学负担的前提下，利用移动互联网、云计算、大数据、人工智能等新兴科技与教育技术进行深度融合，让智慧教学覆盖教学全过程，并积累完整的教学大数据，帮助学校实现提高教学质量、提升教学效率、简化教学管理、促进教学改革的目标。"一平三端"中的"平"指的是泛雅平台，"三端"包括教室端、移动端和管理端。超星利用最前沿的技术手段将平台与终端相互关联，实现数据共享，最终实现立体化教学。

（一）泛雅平台

泛雅平台是以泛在教学与混合式教学为核心思想的新一代网络教学平台，它将慕课及精品课程建设、教学互动、资源管理、教学成果展示、教学管理评估整合于一体，为使用者提供了一个跨时间、跨地域的互动交流平台，使用者可以随时随地体验新一代网络教学所带来的高效和便利。

1. 云端大脑

泛雅平台在智慧教学系统中的作用就相当于人类的大脑，它可以轻松存储大量的授课资源，包括 PPT、课后作业、慕课（MOOC）、视频、文档等资料，与传统教学资料的存储相比更安全、更方便、更稳定。教师可以通过云端大脑发送信息，通过其中枢纽带，让学生可以实时接收。不仅如此，云端大脑还支持连接多个终端设备，这使得学生操作更加简单，让智能化教学成真。

2. 泛雅平台的特点及优势

泛雅网络教学平台根据最前沿设计思路，使其具备简单易操作的普适性特点，面对不同客户群体打造不同功能，以达到不同功效。针对教师，其海量的资源基础及各种网络教学模式等功能可以帮助教师突破资源瓶颈构建优质资源；针对学校，其自助式课程建设工具及教学效果分析等功能可以帮助学校实现课程数字化，数据资源永久保存；针对学生，其强大的学习流程管理及优质服务等功能，有助于打造学习生态系统，构建自主学习的生态环境。正是这些优势所在，使得其在网络教学发展的道路上，相对于其他平台处于一定的高度和领先的位置。泛雅平台还在不断升级改造，现如今已升级到泛雅 5.0（人工智能 + 大数据），新增人脸识别功能，主要用于学生学习课程与考试等场景，具有防作弊作用，加强对学生的监督力度，有效提高学生学习效率，提升教学成绩的真实性。

（二）教室端

科技引领时代，教育改变未来。信息技术的进步，不仅改变了人们的生活，也影响着教育发展。从传统课堂模式中的老三样“粉笔、教鞭、黑板”到多媒体课堂 PPT、投影、计算机，发展至今，多媒体课堂悄然向智慧课堂转变。“一平三端”中教室端智慧课堂系统便是当代信息技术下的教学工具，其以课程为中心、以教师为主导、以学生为主体，充分地关联教室已有硬件，多维度、全方位对传统的教学模式进行科学性改变，覆盖多种课堂教学模式。在教室端可以利用投屏功能，将签到、选人、抢答等互动与资料上传到大屏幕上展示，教师可以更加便捷地实施签到、选人、抢答、分组教学、主题讨论等教学活动，并与泛雅平台全面对接，做到线上课程及资源的实时调用。充分利用智慧课堂系统，可将传统课堂变为智慧课堂，引领课堂教学革新。

（三）移动端

“一平三端”中的移动端使用超星学习通，相当于智慧教学系统的突触，与泛雅平台云端大脑中的数据资源相结合，向学生下达指令，从而完成互动式教学。

超星学习通包含六大子系统，分别是移动课堂互动系统、移动修学分系统、移动阅读系统、移动开放课程、移动教务系统、移动社交系统，这些系统可完美贯穿课前、课中、课后及课外整个学习过程。课前，教师可以通过超星学习通进行任务、资料、通知的发放，引导学生进行课前交流，学生可以利用移动阅读系统和图书馆系统，进行海量资源搜索与订阅，充分发挥教学资源价值。同时，教师可借助课堂辅助教学系统、在线学分课程系统、信息查询系统、实名社交系统的各种激励措施来提升学生学习主动性，方便学生自主学习，并通过自身的学习行为数据更加透彻地了解自己、认识自我。课中，教师可以使用移动课堂系统中的课堂签到、选人、测验、投票、多屏互动、讨论上墙等功能来调动学生学习的积极性，参与课堂互动，从而达到提高课堂活跃度的效果，最终实现激活课堂。课后，学生可以利用超星学习通提供的课外阅读、课程作业，对学习内容进行深度消化，并提出意见问题反馈，教师则可根据反馈信息进行针对性辅导。课外，学生还可进行自主探究式学习，将课堂所获理论知识在现实中应用、实践，实现理论和实践一体化、个性化拓展。

（四）管理端

智慧教务作为管理端包含三大环节，分别是教学大数据、评教评学、管理应用。主要是通过教学大数据分析平台、教学监控平台、评价体系的建立与大数据挖掘分析技术，深化教育大数据应用，从而实现教育业务管理、政务服务、教学管理等功能。

在教学大数据环节，通过有效整合教学过程中所产生的过程性数据，建立大数据中心，并通过数据清洗机制，深度分析、挖掘有效数据，最终做到数据可视化。对此，可通过大数据对教学过程中学生的学习行为等课堂详情进行把控，完成学生学习情况和教师教学情况的智能分析，并通过多重指标，有根据地对学生学习进行智能预警。管理者可通过实时收集的数据资源，智能整理出可视化图，从而提高对校内资源的把控。在评教评学环节，其功能特色主要是拥有一套自我创立的自定义评价体系，不断完善指标库模板，与教学过程相结合，做到移动评教、随堂评教，从而满足互联网时代下高效便捷的评教需求。在管理应用环节，其具有强大的移动端功能性，管理者通过使用可以做到移动办公、随时办公、实时办公，并与教学大数据相连，可随时查看学校数据，实时高效地完成授课计划、教学日志等管理工作。

第三节　慕课教学的实践应用

一、慕课的内涵

我国学者将 MOOC（Massive Open Online Course）译为“慕课”，中文意思是“大规模开放在线课程”。与传统网络课程相比，慕课除了会提供学习的视频课件资源、文本材料以及在线答疑的服务之外，还提供学习用户用于讨论慕课学习内容的相应主题的交互性社区。这种旨在进行大规模的学生交互参与、基于网络开放式资源获取的在线课程，把有志于学习的人和想要帮助他人学习的专家联结到了一起，从而造就了数以万计的人同时选学一门课程的现象。更吸引人注意的是，这种课程几乎没有门槛限制，学习时间相对自由，学习环境也无限制，而且，这些课程资源都是免费、可信的。慕课的分享合作可以跨越不同的技术平台，能够在学生惯用的新媒体如博客、微信中进行传播。

二、慕课的特征

（一）大规模性

大规模是慕课的特征之一，主要体现在以下三个方面：一是大规模参与，二是大规模交互，三是大规模数据。大规模参与是慕课的表现形式，它与传统课堂教学有很大的差异，其在线教学不受物理空间与地理位置的限制，在一间教室里可以对世界各地所有的学生授课，受众群体广泛。大规模交互主要体现在课程学习上，当学生达到一定规模的时候，学生仍然可以在平台上自由讨论、交换想法、互相批改作业等。这种形式能够真正发挥慕课的大规模交互性，从而提高学生的学习效率。大规模数据是慕课在提供高质量学习课程的同时在平台上生成海量学习数据，平台利用大数据技术对学生的学习记录进行数据分析，发现课程的特征与规律，利用这些数据来支持学生的课程学习，动态地调整慕课学习策略。

（二）开放性

开放性主要包括以下三个方面：一是学习过程的开放性，二是学习环境的开放性，三是信息交互的开放性。学习过程的开放性是指慕课在授课之前，平台将关于本次课程的相关信息发布给学生提前预习；在慕课授课之中，学生可以在平台上随时参与讨论和交流；在课程学习结束后，学生若有问题可以线上或者线下与教师探讨。学习环境的开放性是指任何人在任何时间、任何地点都可以免费参与慕课的网络课程，无任何的限制条件，学习环境和学习氛围相对开放。这不仅能够为学生提供丰富的学习资源、课程资料、在线答疑等学习支持，还能为学生提供在线支持、学习体验、交互性社区等一系列开放性的学习服务。信息交互的开放性是指学生和教学者与外界保持信息联络，将最新科学前沿内容形成慕课授课体系供平台使用，学生可第一时间通过慕课获取信息。

（三）个性化

个性化是指慕课注重自主能动性，充分利用网络交互性实现慕课个性化学习方式。个性化主要体现在三个方面：一是个性化选择，二是个性化服务，三是个性化学习。个性化选择是学生可以根据自己的兴趣爱好来选择慕课中的学习内容和授课教师，在学习过程中利用自身知识来回答课上布置的问题，也可以参与讨论、回答问题；在课程学习结束后，学生在规定的时间内提交作业以及参与课外讨论。个性化服务是慕课平台根据学生的课程学习记录、课程主题偏好、个人学习行为等方面进行大数据分析和整合后，向学生推荐其可能感兴趣的内容，支持学生参与更多的课程学习，同时平台还鼓励学生按照需求制订合理的学习计划；平台也可以根据学生学习行为、学习时间、考试成绩等一系列的数据记录形成评价结果反馈给慕课教学者，教学者将利用数据反馈的结果动态了解学生目前的状况，帮助自己改善教学效果和改进教学质量。个性化学习是慕课平台给予学生特定的教学内容和教学方法，学生在参与课程学习的同时需要参与小组协作讨论，共同完成课程任务，包括师生交流、课堂作业、期末测试等，学生不仅要完成自身的学习任务还需要积极参加课程活动。

三、慕课资源的应用策略

（一）应用慕课资源的目标策略

1.突出教学重点、难点

教学的重点是指学生必须掌握的基础知识与技能，也是教学的核心内容，而难点是学生不易掌握的知识或技能，往往有较多知识点既是重点又是难点。在有限的教学时间内，教师需要合理地设计教学时间、规划教学内容以突出重点、攻破难点。恰当地应用慕课资源，能突出本节课的重点内容，也能在截取的慕课视频时间内，以更简洁、更高效的方式讲清楚并攻克难点内容。

2.转变观念与方式

教育和学习的信息化是不可逆的，信息化教学资源的发展是必然的。在教学和学习中，教师与学生的观念、教学方式、学习方式都要发生转变。教师要重新定位角色，教师是知识传播的媒介，是学生学习的引导者和合作者，也需要学习和成长，需要学会开发利用新的课程资源，建设从“教”到“学”的新课堂。学生也不能只是知识的接受者，在学习中学生要掌握主动权，积极建构自身知识体系，借助教师提供的教学资源构建知识结构，培养自主学习的意识和习惯。

3.提升教师专业素养

教师不是真理的掌握者，在教师职业生涯中专业素养的培养必不可少，教师需要不断学习以充实自己。慕课资源的应用并不是将慕课直接交给学生去学习，还需要教师在资源应用过程中做好充足的准备，以自己的专业知识为基础，确定选择标准，合理设计应用方式，充分发挥慕课资源优势。选择和应用慕课资源的过程对于教师的知识储备和专业技能是一项考验，教师能通过这一过程集百家名师之长，提升自己的专业素养。

（二）应用慕课资源的选择策略

1.依据慕课平台特色进行选择

国内慕课平台众多，教师在应用慕课资源时，首先需要考虑慕课课程的开放性，依据慕课平台的特色进行选择，遵循少而精的原则，筛选出适合本学科的教学资源。

2.依据教材内容进行选择

对教材内容的分析和把握是教师的基本素养，在慕课资源的选择过程中，对教材的熟悉度和处理能力对于教师来说是一项考验。因此，教师要根据教学内容有针对性地选取慕课，慕课资源的应用才能为教师教学起到有益的补充，提升教学效率。

3.依据学情进行选择

学情分析是教学设计中不可或缺的环节，学生是学习的主人，也是教学活动的核心。人的认知发展具有阶段性，学生的认知水平反映了他们对知识的接受能力，教师要结合学生的年龄特点、学习风格、认知水平选择合适的慕课资源来设计教学过程。学情分析是教学内容分析的依据，是教学策略选择和教学活动设计的落脚点，没有学情分析支撑的教学活动只是教师的“独角戏”。

四、应用慕课教学的优化

（一）充分发挥教师作用

在教师管理层面，学校应当积极组织在职教职员工认真了解并正确认识慕课这一新兴教学模式，快速掌握相关技能，尽快将其引入实际教学工作之中；引导教职员工积极、灵活运用网络手段，将我国宝贵的教育资源（如中国大学视频公开课、世界名校视频公开课、国家精品课程）导入自己的课堂教学实践，实现单一教学向多媒体教学的转化；借助慕课教学模式，实现课堂教学效果的提升以及育人质量的提高。

1.给予教师团队支持

慕课教学模式具有学生数量无上限、回答问题及作业批阅等工作量巨大的特点，因此，学校要实施慕课教学模式，急需以一个强有力的教学科研团队为支撑来建立慕课平台。在此平台中，学校要协同互助，教师要各司其职、分担角色，亲密合作而又各有侧重，甚至在整个教育过程的每一环节，也应做到校内、校外、社会团队通力协作。

2.提高教师教学水平

教学改革的首要目的在于以学生为本，全面提高教育质量，提升受教育者的综合素质，实现受教育者全面发展，而一线教师在这一过程中必将起到决定性作用。换而言之，若三尺讲台皆“名师”，那么走出校门皆“高徒”便成为可能。“名师”指的就是道德品质高尚、深刻理解教学内容、研究领域建树出色、知识体系扎实、知识结构广博、实践经验丰富的高级教师群体。慕课平台为国内外名师开设课程提供了便利，也为教师的自我提升提供了一个渠道。在我国实施慕课教学模式过程中，普通教师可以通过慕课课程的学习，认识名师先进的教育理念，了解其授课、讲演方式，更好地理解学科课程精神，紧跟时代步伐，拓宽视野，扩展学科外延，汲取经验并与自身实际相结合，取长补短，提升自身的教学科研能力，从而更好地从事教学科研工作。所以要倡导广大教职员工积极参与，实现自身的教与学结合。当然，慕课平台并不能让人人皆为名师，它只是为大多数教师提升自我修养提供了一个新的、更便捷的通道。

（二）提升学生自主学习能力

学习是人与生俱来的一种需要，是适应社会生存的基本手段。幼童期，人们大都处于一种快乐学习状态，外界给个人带来的压力体验极小，因而人们具有一种由好奇心驱使的学习欲望，基本处于一个自由、自主学习的体感状态。但进入学校教育阶段后，其感受到的来自家庭、学校、社会等多层面的压力，随着其成长发育，其学习行为由主动学习逐步转变为被动接受知识的灌输。因此，我国在实施慕课教学模式的过程中应当培养学生学习的自主性，为学生提供多种沟通渠道，方便学生进行讨论。

1.培养学生学习的自主性

在慕课教学模式中，强调的是一种使受教育者的学习行为回归本源的思想，即通过线上助教引导、教师讲授、自身参与以及与其他学生共同协作等多种方式，最大限度挖掘其求学兴趣，以实现主动求知欲替代被动课程压力，并最终实现这一行为方式在学习过程中的落实。学生学习的高度自主和自律性，是开展慕课教学活动的必要前提。慕课在改良授课方式、变更课程形式、丰富课程内容、为学生提供极大自由和自主学习平台的同时，也容易致使学生产生一定的迷茫感，迷茫于从何学起、学些什么，更困惑于如何获得教师及他人的帮助与关怀。因此，学校在提升学生的自主学习能力及自觉学习能力方面，不仅要以技术突破为支撑，激发学生的学习欲望，加强对其学习态度的正确引导，更要加强师生互动，因此课堂环节和考试环节就显得尤为重要、必不可少。

学校也应借助慕课多样化、个性化、碎片化的学习方式，来逐步实现“以学生为中心”取代“以教师为中心”，最终将“以教师为中心”与“以学生为中心”完美结合，为在校师生提供一个高效的互动平台。在智能终端盛行并广泛普及的当下社会，学校可倡导慕课教学模式中的线上协同工作方式，如通过校园社交网络和工具以及线上论坛，聚集具有相同或类似求知兴趣和学习习惯的学生，进行协同学习。这样，不仅打破了费用、空间、资历对学生的限制，也可以为当前普通大学的课堂教学提供强有力的补充，同时还有利于教职人员的参与，有利于提升教职人员的素养。

2. 利用多种形式的交流渠道

学生在其学习过程当中必然会遇到各种各样难以解决的问题，大多数慕课平台都设计并提供了相关的讨论区域用于问题的探讨和解决，但这一平台所提供的此类功能很难确保学生的问题都得到解答。若学生在讨论区域提出自己所面临的问题后无人解答或回复，便极有可能产生失落感，并造成困惑问题累加，阻碍其进行下一阶段的学习，最终导致求知兴趣的下降和积极性的降低。若学生提出的问题能及时得到解答，则势必会给其带来备受重视的良好体验，而积极参与并解答他人的问题则会在某种程度上给学生带来一定的成就感、参与感和满足感。

慕课教学模式在开课行为上绝不是以简单的课程视频录制为完结的，学生也不是在慕课平台上完成课程就被看作知识的获得者。恰恰相反，短视频的录制只是起点，在录制视频之后，还应及时组织专业教师团队做好开课期间的课程维护，同时积极与学员交流互动。就答疑解惑而言，虽然学生互相讨论答疑有助于问题的解决，但还是需要权威教师团队的参与，总结和解决难点问题。对于多数学生发出的同类或相似问题，可以按章节组织，以常见问题解答（FAQ）的方式展示并按一定规律排列，为学生的查阅提供便利。因此，学校在实施慕课教学模式时，一定要加大教师在真实课堂中精力的投入，对学生常见问题进行收集整理，并加以甄选，以便及时答疑解惑，定期进行作业评讲，接收学生的反馈信息。学校一定要加强第一堂课教学，尤其对某些核心课程而言，更应如此。在互动交流方面，教师可以组织学生在经过慕课教学模式的学习之后，进行研讨交流；可以用举办报告会的形式，引导学生以社会实践报告交流等方式开展；同时也可以在多种场所开展形式多样的学生之间、师生之间的互动交流，以弥补师生互动不足、学生反馈乏力的缺陷。

（三）实施全面质量管理

提高慕课教学模式的教育质量是实现慕课教学模式长期可持续发展的关键。为此，慕课教学模式要在全面满足受教育者需求的过程中，以科学的管理手段和效能控制机制来确保慕课教学模式的发展，坚持“以质为本”。学校也要积极地将课堂学习与线上海量资源优势相结合，拓宽知识面，优化知识结构，创新学习与培养模式。同时，要汲取全球慕课教学模式的先进经验，立足国内现实，尽快建成本土化的慕课教学模式，以促进我国高等教育办学质量的不断提升。

1.构建质量标准体系

学校在构建慕课教学模式时，一定要构建出一套严格的质量标准体系，建立起完善的课程质量评价体系，以提高慕课教学模式的课程内容质量。学校可以从以下两个方面来着手构建这样一个体系：一方面，在课程质量标准体系方面，可以从授课市场、授课内容和教授资格三个环节入手，实事求是，制定严格的课程质量标准；另一方面，运用“自评”与“他评”相结合的方式，与具备能力和条件的第三方测评机构合作，构建严格的课程质量评估体系，优胜劣汰，保障课程质量。

2.创新考核方式

学校在构建慕课教学模式的制度时，要在考核方式上进行创新，促进考核可信度的提升。除了增加开放性考核内容之外，还可以从以下两种途径入手：一方面，加强各校之间的协同合作，组建一种实地线上考试模式，由认可慕课的学校负责组织现场监考和阅卷评价工作，让学生参加实地在线考试；另一方面，可与有实力、有资质的第三方测评机构通力合作，并由其负责成绩评定，构建监督考试机制，提供有监考的考试，提高考核信度。

第四节 翻转课堂教学的应用

一、翻转课堂的内涵

翻转课堂又称颠倒课堂、反转课堂。这种教学模式是对传统教学模式的一种反转，即对教和学的反转。学生在课前利用微视频和导学案进行知识的学习，在课上与教师、同学进行探讨、交流与合作，从而促进知识的内化。翻转课堂是以学生为主体，教师作为主导者和组织者来帮助学生获取知识的一种教学模式。

翻转课堂教学模式能够应用在课堂中，解决传统课堂中存在的若干问题，主要有以下两个方面的原因：一是随着时代的变迁和人们思想的进步，教学改革成为一种必然趋势；二是信息技术的发展，使传统教学方式受到了冲击和挑战，“先教后学”的传统教育观念已不能适应当下信息技术的发展，传统课堂教学方式不能很好地与现代信息技术结合，不利于学生自我效能感的培养，也无法落实“以人为本”的教育理念。因此，翻转课堂这一教学模式对现代教育的改革发展尤为重要。

与传统课堂相比，翻转课堂在教学角色、课堂形式、教学资源等方面发生了改变。在教学角色方面，以前教师在课上不仅是组织者还是主导者，课堂的节奏都是由教师来掌控，现在教师在课上主要给学生答疑解惑；在课堂形式方面，以前学生预习环节在课上进行，只看课本知识，巩固知识在课后进行，以书面作业的形式来体现，而现在教师在网络平台发布微视频，学生在家里即可掌握新知识，教师在课上对知识的难点做梳理和总结，通过随堂测试来了解学生掌握知识的程度；在教学资源方面，以前教师只是用幻灯片或者投影仪来进行教学，因为每位学生掌握知识的能力不同，对于没听懂的地方学生只能课下问老师，这就无法达到因材施教的目的，现在，学生在家可以利用手机电脑等网络电子设备独自进行视频学习，学习更加具有针对性，学生的学习效果也更好。因此，这种教学方式突破了时间和空间的局限性，也加强了学校和家长之间的沟通与联系。

二、翻转课堂的特点

（一）教学环节的调整

在翻转课堂中，教与学两个环节完全被颠覆。传统教学课堂的教学方式是教师课上先讲授，后布置作业，使学生自行消化知识，进行实验操作或实地践行。而翻转课堂的教学方式则是教师在上课之前将相关的教学资料上传至平台，让学生根据资料提前预习并进行问题反馈，再在线下课堂针对学生问题答疑解惑，学生在教师和其他同学的帮助下获得知识与技能。翻转课堂对于教学环节的调整有助于教师与学生共同研究、讨论，互相协作完成教学活动。

（二）教学角色的转换

在以往的经典教学课堂中，教师扮演着知识的传播者的角色，知识的接受者是学生。而在翻转课堂中，教师制订好学习计划，接下来学生自主安排学习内容，充分发挥学生的主体性，让学生真正成为学习的中心，定制个性化学习方式，实现寓教于乐，这就是翻转课堂的魅力所在。

（三）教学资源的更新

要结合学生的个性特点，进行合理的科学开发，并经过教师的二次加工才能获取教学资源。“微课”是在翻转课堂中应用最广泛的一种教学资源。微课教学视频一般时长在10分钟左右，内容主要为特定的有意义的知识点。为了方便学生可以在自主学习的过程中记录学习笔记和归纳总结知识点，在观看过程中可以多次暂停来记录学习内容，对于问题较难部分可以重复播放或者回放视频。学生在自主学习的过程中观看教学视频，使得学习变得轻松惬意，而且对于后期复习和巩固知识点也十分有帮助，遇到自己无法理解的问题，可以在平台上与教师互动或和其他同学进行讨论。

（四）教学环境的改变

翻转课堂的教学环境发生转变，由传统课堂走向了课堂之外，将课上与课下通过网络重组、空间整合形成了新的功能齐全、设备完善的教学新环境，帮助教师提高了工作效率，有利于开展教学活动，组织和介绍教学资源，更新学生的学习记录，使教师能够更加精准地了解学生的当前学习状态。学习管理系统能够帮助教师制作更有针对性的教学资源，教师与学生通过网络空间在线上进行课堂互动，有利于建造学习社区，搭建学习体系，互助完成学习目标。

三、翻转课堂的教学设计

（一）教学目标设计

任何科目的教学目标都是相似的，从教学的三维目标来说，可以分为技能与知识，过程与方法，情感、态度与价值观。翻转课堂教学模式的教学目标也是如此，只是运用方法和进行的时间有一定不同。

在翻转课堂模式下，教师在课前可以发布微课视频，让学生进行自学，但在知识的深度和广度上，学生的认知是比较浅显和狭窄的，学生会存在一些疑问。学生在课堂讨论和探索中，提高知识技能，实现知识技能目标。三维教学目标贯穿翻转课堂的教学过程中，主张推行自主学习，培养学生独立学习的能力，鼓励学生发散思维，培养合作学习的精神。

（二）教学设计前期分析

1. 教学内容分析

从整个知识体系来看，大部分课程的开设主要是为了培养学生的创造思维能力、科学思维能力以及实际操作技能，因此翻转课堂在教学内容的设计上需要注意以下两点。

（1）理论与实践相结合。

理论课程是学生学习专业技能中必不可少的，能够为实践课程提供理论指导。对于科学性较强的学科，国家的教育目标也要求学生掌握书本之中的原理和理论，同时还要将原理和理论与实践操作相结合。

（2）培养科学思维能力。

培养学生掌握创新思维能力、科学思维能力以及实践能力，从而为将来的就业打下基础，这是课程改革的要求之一。由此可见，掌握操作技能是关键，教师需要在课堂中注意这一点。

2. 教学方法

在翻转课堂上，教师合理利用各种教学方法，充分发挥学生的学习主动性，培养学生的创新思维。以下是三种实用性较强的教学方法。

（1）任务驱动法。

在基于微课的翻转课堂教学中，教师通过自主学习任务表，引导学生在课前学习阶段进行自主学习，从而实现知识和技能的教学。在课堂教学过程中，教师通过课堂指导任务清单引导学生进行课堂讨论和研究，从而实现知识和技能的升华。学生学习活动的整个过程都以学习任务表为指导。

（2）课堂讨论法。

针对学生在课前自学出现的问题，教师在课堂上将班级同学进行分组，让学生在组内进行讨论，互相帮助解决问题。

（3）实验探究法。

让学生通过实验、观测去探索研究，总结出科学规律，让学生从实验观察结果的分析、研究中得到新的结论。

3. 教学过程

（1）自主学习。

在教师方面，主要是在课前完成基础知识的教学。教师在课前梳理知识点、布置课前任务、录制微课视频、讲解重点、演示如何操作之后，将微课视频上传，通过学校内部网络学习平台发送导学案例和测试任务，这样就完成了教学的第一个环节。

在学生方面，应接收教师上传的微课视频，在上课之前，利用自己的电子设备，如手机、平板、电脑等进行自我学习。

（2）练习检测。

在教师方面，跟踪学生学习情况，通过网络信息平台的数据来掌握学生的学习状况。可以通过后台学习记录了解各个学生的在线时长，通过简单作业来考核学生学习的接受程度，还可以在线监督学生进行自学，这样可以帮助教师提前备课，及时解决学生遇到的困难。

在学生方面，结合教师设计的导学案例进行小结，总结自我学习过程中的不足，将不理解的重点、难点进行记录，有条件的可以在线上与教师进行交流，及时解决疑问。

4. 教学评价的设计

教学评价，就是对教学过程之中的各个环节进行分析和评估，包括教学方案的设计、微课视频的质量、教学阶段是否流畅等。对学生学习效果的评价主要从学生学习过程的评价（学生自评）、小组成员成果展示的过程性评价（小组评价）、教师教学评价（教师评价）三个维度进行。学生自评是指由学生本人进行评分，主要从学习兴趣和学习效果进行自我评价。小组评价是指由合作学习期间的小组长进行评分，主要以参与小组讨论情况和对小组成果的贡献为依据进行评价。教师评价是指根据学生在课堂中的状态、表现情况及对任务的处理程度进行综合评价。

参考文献

[1] 朱锦龙 . 智慧教学平台建设与智慧课堂教学模式研究 [M]. 长春：吉林文史出版社，2021.

[2] 张屹，陈蓓蕾，沈爱华 . 智慧课堂教学研究的方法与案例 [M]. 武汉：华中师范大学出版社，2018.

[3] 洪飞 . 构建师生共生长的智慧课堂 [M]. 北京：中国言实出版社，2018.

[4] 高芳 . 教育技术实用与协同创新的多元化发展 [M]. 延吉：延边大学出版社，2020.

[5] 王盛之 . 智慧教师与智慧课堂 [M]. 上海：上海教育出版社，2017.

[6] 刘焕毅 . 基于 5G 通信的智慧课堂设计与应用 [J]. 科技与创新，2022（3）：172–174，178.

[7] 叶广仔，彭勇，李淑飞 . 基于智慧课堂的个性化教学研究 [J]. 科技与创新，2021（24）：59–61.

[8] 李美林 . 高阶思维导向的智慧课堂教学设计 [J]. 无线互联科技，2021，18（24）：138–141.

[9] 周欣欣，徐纯森，李红彪，等 . "智慧课堂"教学模式创新与实践 [J]. 天津中德应用技术大学学报，2021（6）：67–71.

[10] 刘艳华 . 现代教育技术应用于教学的利与弊思考 [J]. 华东纸业，2021，51（6）：191–192.

[11] 唐瓷 . 智慧课堂的教学策略研究 [J]. 教学与管理，2021（30）：101–105.

[12] 于红岩，尹宏飞，刘明 . 智慧课堂教学评价体系 [J]. 办公自动化，

2021，26（16）：6−8.

[13] 丁海娟，马良花，王海杰 . 大数据背景下智慧课堂精准教学模式研究 [J]. 黑龙江教育（高教研究与评估），2021（8）：44−45.

[14] 张文梅，张一春 . 活动视角下智慧课堂教学模式设计研究 [J]. 数字教育，2021，7（3）：37−43.

[15] 张钊 . 面向 5G 时代人工智能智慧课堂的应用展望 [J]. 邮电设计技术，2021（6）：84−87.

[16] 唐雯谦，覃成海，向艳，等 . 智慧教育与个性化学习理论与实践研究 [J]. 中国电化教育，2021（5）：124−137.

[17] 毛群英 . 智慧课堂教学模式设计研究 [J]. 教学与管理，2021（3）：96−99.

[18] 饶凯平，陆冷飞 . 智慧课堂中个性化教学指导服务体系研究 [J]. 中国教育信息化，2020（24）：28−32.

[19] 钟绍春，钟卓，张琢 . 如何构建智慧课堂 [J]. 电化教育研究，2020，41（10）：15−21，28.

[20] 杨现民，李新，晋欣泉 . 智慧课堂中的数据应用理路与策略设计 [J]. 广西师范大学学报（哲学社会科学版），2020，56（5）：78−87.

[21] 张艳明，桂忠艳，李巍巍 . 信息技术环境下智慧课堂的构建研究 [J]. 教学与管理，2020（12）：95−97.

[22] 张鹏君 . 信息技术时代智慧课堂的实践逻辑与建构 [J]. 苏州大学学报（教育科学版），2020，8（1）：18−24.

[23] 方家轩 ."互联网 +"智慧课堂构建与实践 [J]. 广州城市职业学院学报，2019，13（4）：33−37.

[24] 朱双霞 ."慕课 + 智慧课堂"混合式教学模式探索与实践——以公差配合与技术测量课程为例 [J]. 新余学院学报，2019，24（6）：118−122.

[25] 史亚东 . 人工智能背景下智慧课堂建设基本要求与标准 [J]. 教育导刊，2019（12）：5−10.

[26] 周青云，肖叶枝，曾钰，等 . 信息技术环境下智慧课堂的概念和特征 [J]. 现代计算机，2019（33）：82−87.

[27] 汪彩梅，李正茂 . 线上线下融合模式下智慧课堂教学实践 [J]. 软件导

刊，2019，18（11）：196–198，202.

[28] 王天平，闫君子 . 智慧课堂的概念诠释与本质属性 [J]. 电化教育研究，2019，40（11）：21–27.

[29] 何政权，陆浩，尹安明 . 精准教学视野下的智慧课堂研究——以重庆市大足区智慧课堂建设为例 [J]. 现代教育技术，2019，29（10）：115–120.

[30] 沈烂 ."互联网 + 教育"背景下智慧课堂教学模式建构 [J]. 中国成人教育，2019（13）：59–61.

[31] 杨兴波 ."互联网 +"智慧课堂的教学方案与实施 [J]. 教学与管理，2019（10）：34–36.

[32] 董小倩，张小花 . 传统课堂与智慧课堂教学对比研究 [J]. 现代交际，2019（2）：12–13.

[33] 王春玉 . 智慧课堂的教学模式探索 [J]. 思想政治课教学，2018（12）：26–29.

[34] 易祯，吴美玉 . 信息化进程中智慧课堂教学模式研究 [J]. 高教学刊，2018（24）：121–123.

[35] 邱艺，谢幼如，李世杰，等 . 走向智慧时代的课堂变革 [J]. 电化教育研究，2018，39（7）：70–76.

[36] 晋欣泉，田雪松，杨现民，等 . 大数据支持下的智慧课堂构建与课例分析 [J]. 现代教育技术，2018，28（6）：39–45.

[37] 刘邦奇，李鑫 . 基于智慧课堂的教育大数据分析与应用研究 [J]. 远程教育杂志，2018，36（3）：84–93.

[38] 熊才平，戴红斌，葛军 . 教育技术：研究进展及反思 [J]. 教育研究，2018，39（3）：118–128.

[39] 李新义，刘邦奇 . 基于建构主义的智慧课堂教学模式研究 [J]. 中国教育信息化，2018（6）：44–48.

[40] 赵培培 . 智慧课堂：优化与创新传统课堂 [J]. 教育现代化，2017，4（14）：171–174.

[41] 李祎，王伟，钟绍春，等 . 智慧课堂中的智慧生成策略研究 [J]. 电化教育研究，2017，38（1）：108–114.

[42] 刘邦奇 ."互联网 +"时代智慧课堂教学设计与实施策略研究 [J]. 中

国电化教育，2016（10）：51–56，73.

[43] 卞金金，徐福荫 . 基于智慧课堂的学习模式设计与效果研究 [J]. 中国电化教育，2016（2）：64–68.

[44] 周平 . 基于现代教育技术的翻转课堂及其理论基础溯源 [J]. 外语电化教学，2015（2）：72–77.

[45] 唐烨伟，庞敬文，钟绍春，等 . 信息技术环境下智慧课堂构建方法及案例研究 [J]. 中国电化教育，2014（11）：23–29，34.

[46] 魏丽英，路科 . 现代教育技术应用与创新思维培养的高效协调机制研究——供应链管理视角下的分析 [J]. 电化教育研究，2014，35（6）：38–43.

[47] 谢娟 . 现代教育技术应用的伦理审视：必要性及研究逻辑 [J]. 电化教育研究，2012，33（10）：23–27.

[48] 朱梦涛 . “互联网 +”时代的智慧课堂构建研究 [D]. 长沙：湖南师范大学，2019.

[49] 朱嫣洁 . 教育信息化背景下智慧课堂的教学效果研究 [D]. 上海：华东师范大学，2019.

[50] 许利飞 . 大数据环境下智慧课堂教学模式的设计与应用 [D]. 石家庄：河北师范大学，2018.

[51] 陈婷 . “互联网 + 教育”背景下智慧课堂教学模式设计与应用研究 [D]. 徐州：江苏师范大学，2017.

[52] 谢丰田 . 基于智慧课堂的教学模式有效性研究 [D]. 福州：福建师范大学，2016.